上海港航业态统计指标体系及计算方法研究

主　　编　余思勤
副主编　肖　风　韩玲冰

上海浦江教育出版社

图书在版编目(CIP)数据

上海港航业态统计指标体系及计算方法研究/余思勤主编. —上海：上海浦江教育出版社有限公司，2013. 10
ISBN 978-7-81121-304-1

Ⅰ. ①上… Ⅱ. ①余… Ⅲ. ①港口—交通运输业—统计指标体系—计算方法—研究—上海市 Ⅳ. ①F552. 751

中国版本图书馆 CIP 数据核字(2013)第 239945 号

上海浦江教育出版社出版
社址：上海海港大道 1550 号上海海事大学校内　邮政编码：201306
电话：(021)38284910/12(发行)　38284923(总编室)　38284916(传真)
E-mail：cbs@shmtu. edu. cn　URL：http://www. pujiangpress. cn
上海双宁印刷有限公司印装　上海浦江教育出版社发行
幅面尺寸：170 mm×230 mm　印张：10. 25　字数：176 千字
2013 年 11 月第 1 版　　2013 年 11 月第 1 次印刷
责任编辑：丁慧　　封面设计：赵宏义
定价：35. 00 元

主要编写人员名单

主　　　编　余思勤

副　主　编　肖　风　韩玲冰

主要编写人员　张丽娟　蒋迪娜　黄顺泉

张明香　张瑜照

参与编写人员　陈金海　倪莎莎　杨　旸等

前　言

2009年国务院提出《关于推进上海加快发展现代服务业和先进制造业，建设国际金融中心和国际航运中心的意见》(国发〔2009〕19号)，明确提出到2020年，基本建成航运资源高度集聚、航运服务功能健全、航运市场环境优良、现代物流服务高效，具有全球航运资源配置能力的国际航运中心建设的总体目标。上海国际航运中心建设对上海新一轮经济的“创新驱动”和“转型发展”具有重要的推动作用。上海国际航运中心建设的基本主体为港航业，而随着全球经贸发展和科学技术的进步，港航业态的范围更加广泛、主题更加深化，其内涵也随时代的发展日益丰富，新兴海事法律和仲裁、航运信息和咨询等航运衍生业方兴未艾，航运衍生业成为上海国际航运中心未来发展的重点。

上海国际航运中心建设的加快推进，上海港航业态体系的不断完善，对现有统计制度不断提出新的要求。现有的《交通运输综合统计报表制度》《水路运输主要统计指标分类与代码》《海上国际运输业统计报表制度》和《内河水运建设项目统计报表制度》等规定的统计指标体系还不能系统全面地反映上海港航业态的整体发展，部分业态的统计指标尚未建立，特别是对航运衍生业的统计指标体系还没有权威的全面界定。

建立健全、科学、合理的上海港航业态指标体系及计算方法，有利于统一统计口径，完善行业统计制度，客观、全面地反映和评价行业发展状况，为经济普查工作提供重要支撑，为各级政府制定政策、加强行业管理与宏观调控提供依据，引导上海港航行业持续健康发展。

本书的主要内容包括：

第一，对现有上海港航业态统计指标体系进行系统全面地梳理，对上海港航业态相关管理部门和企业进行广泛深入调研，分析上海港航业态统计指标体系现状，了解完善统计指标体系的实际需求，确定调整原有指标和新增指标的重点和方向。

第二，在对上海港航业态体系划分的基础上，充分结合上海港口、航运、水运工程各主业、辅助业和衍生业的每个业态实际的建设、生产和管理，按基础设施、装备运用、生产绩效、绿色评价、安全评价、经济评价、信息化水平、科技创新等类别分别搭建上海港航业态的统计指标体系框架。

第三，在搭建上海港航业态统计指标体系框架的基础上，充分考虑新兴业态、行业管理职能转变和实际管理需求，对现有统计指标体系进行修订完善，按照有效服务行业管理和企业生产的原则设置主要统计指标，并创新性地提出科学合理的新增统计指标，研究确定各统计指标的内涵、统计口径与计算方法，在统计指标设置上以宏观管理需求指标为主，同时兼顾企业经营管理所需的微观指标。

第四，对新增的上海港航业态统计指标及其计算方法进行深入论证，广泛征求有关方面意见，提出完善和调整国家有关行业统计制度的措施和建议，争取将部分新增指标纳入行业标准。

目　　录

第一篇　上海港航业态划分与统计指标体系框架

第二篇　上海港口业态指标体系与计算方法

第三篇　上海船舶运输业态指标体系与计算方法

第一篇　上海港航业态划分与统计指标体系框架

第一章　国内外港航业态划分借鉴

第一节　伦敦与新加坡港航业态划分

一、伦敦港航业态划分

伦敦港口管理局和英国国家统计局将伦敦港航业划分为港口行业和航运行业两大类(如表 1－1 所示)。

表 1－1　伦敦港航业态划分

业态划分	类别	具体细分
港口业	货物装卸业	货物装卸、货柜装卸
	相关服务业	理货、仓储、拖带、引航、安全管理、水文测量、停泊、助航设备、码头设施建设、漂流物收集
航运业	船舶运输业	沿海货运、沿海客运、内河货运、内河客运
	航运服务业	船级社、公证公估、船舶设计、船舶技术、船舶设备、船舶代理、船舶注册、船舶经纪、媒体出版、航运咨询、航运法律、航运保险、航运融资、海上救助、潜水与打捞

二、新加坡港航业态划分

新加坡海事与港口局将新加坡港航业划分为港口业、船舶业和全球海事服务业三大类(如表 1－2 所示)。

表 1－2　新加坡港航业态划分

业态划分	具体细分
港口业	口岸通关[1]、船舶交通信息系统、危险品货物、游艇牌照[2]、救援、引航[3]、燃料贮存、航海图/潮汐信息/航海救助/水文、港口安全、海岸与海上发展工程、港口基础设施、海运业务
船舶业	船舶登记、登记船舶人员配备、船旗管理、港口国控制、船舶事故报告
全球海事服务业	船舶注册、船舶经纪、船舶燃料服务、海上保险、船舶金融、海事法律仲裁

注：1. 口岸通关是指船舶进入新加坡港水域需要许可证，包括与船舶相关的各种活动。
2. 游艇牌照是指私人游艇需申请办理《所有权证书》《船检证书》（含适航证书）、《国籍证书》《船舶签证簿》等海事手续。
3. 引航是指新加坡港内的引航、拖航信息服务，包括引航服务、引航免检、引航及拖航指南。

第二节　中国港航业态划分

一、中国香港港航业态划分

香港航运发展局和香港港口发展局将香港港航业划分为港口业和航运业两大类（如表 1－3 所示）。

表 1－3　香港港航业态划分

业态划分	具体细分
港口业	货柜码头、中流作业区[1]、内河货运码头、公共货物装卸区[2]、浮筒和停泊处[3]、港口物流设施[4]、避风港、船厂[5]
航运业	船舶注册、海事法律与仲裁、船舶融资及海事保险、船舶拥有及船舶管理、船级社及验船公司、船务代理、航运机构及组织、航运设备及保障服务[6]、航运经纪人

注：1. 中流作业区：主要提供趸船与货柜车/货车之间的货物装卸服务，货物包括远洋和内河货物。
2. 公共货物装卸区：以短期租约形式分配泊位和堤岸地方，便于营运者从趸船装卸一般货物、散装货物和货柜。
3. 浮筒和停泊处：在香港水域内，有两种浮筒（甲级政府系泊浮筒、乙级政府系泊浮筒）总称为政府系泊浮筒，主要供远洋船舶系泊，以便装卸货物至趸船上。此外，政府系泊浮筒可在恶劣天气情况下作为船舶停泊之用，也可用于其他非货物装卸用途，如供邮轮系泊。香港港口亦有提供停泊处供船舶停泊。
4. 港口物流设施：包括货柜存放场、货柜场、货柜车场和货柜车维修工厂。
5. 船厂：有两类船厂为香港的港口工业提供服务。第一类是规模小的船厂，为当地船舶提供服务；第二类是大型浮坞，为远洋船舶提供服务。
6. 航运设备及保障服务：包括船舶维修保养、燃料补给、废料处理、信息科技、统计及税务咨询、教育及培训等服务。

二、我国交通运输部港航业态划分

目前我国交通运输部没有专门对港航业态进行详细的划分，仅按交通运输部和地方港航管理部门的工作职责划分为港口和航运两大类，港口和航运再下设一些分支。但在交通运输部每年发布的、具有权威性的《交通运输行业发展统计公报》和《中国航运发展报告》中体现了港航业的结构（如表 1－4，表 1－5所示）。

表 1－4　《交通运输行业发展统计公报》中的港航业结构

<table>
<tr><th>第一层级</th><th>第二层级</th><th>第三层级</th><th>第四层级</th></tr>
<tr><td rowspan="3">交通基础设施</td><td>内河航道</td><td></td><td></td></tr>
<tr><td rowspan="2">港口</td><td>沿海港口</td><td></td></tr>
<tr><td>内河港口</td><td></td></tr>
<tr><td rowspan="3">运输装备</td><td rowspan="3">水路运输船舶</td><td>内河运输船舶</td><td></td></tr>
<tr><td>沿海运输船舶</td><td></td></tr>
<tr><td>远洋运输船舶</td><td></td></tr>
<tr><td rowspan="4">运输服务</td><td>水路客运</td><td></td><td></td></tr>
<tr><td rowspan="3">水路货运</td><td>内河货运</td><td></td></tr>
<tr><td>沿海货运</td><td></td></tr>
<tr><td>远洋货运</td><td></td></tr>
<tr><td rowspan="4">港口生产</td><td rowspan="2">港口货运</td><td>沿海港口货运</td><td>集装箱运输</td></tr>
<tr><td>内河港口货运</td><td>集装箱运输</td></tr>
<tr><td rowspan="2">港口客运</td><td>沿海港口客运</td><td></td></tr>
<tr><td>内河港口客运</td><td></td></tr>
<tr><td rowspan="3">交通固定资产投资</td><td rowspan="3">水运建设投资</td><td rowspan="2">内河建设投资</td><td>内河航道建设投资</td></tr>
<tr><td>内河港口建设投资</td></tr>
<tr><td>沿海建设投资</td><td>沿海港口建设投资</td></tr>
<tr><td>交通安全</td><td>水上搜救</td><td></td><td></td></tr>
<tr><td rowspan="2">交通科技与节能减排</td><td>船舶</td><td></td><td></td></tr>
<tr><td>港口</td><td></td><td></td></tr>
</table>

表 1-5 《中国航运发展报告》中的港航业结构

第一层级	第二层级
国际航运	
国内航运	沿海运输
	内河运输
集装箱运输	集装箱港口
	国际班轮运输
	集装箱内支线运输
	内贸集装箱运输
航运服务业	国际船舶代理和无船承运人
	船舶检验
	船舶交易
	船舶修理
	航运金融和保险
	海事法律与仲裁
港口服务	港口经营
	理货
	引航
水运基础设施	港口
	航道
海事监管与搜救	水上搜救
	水上打捞

三、中国国家统计局港航业态划分

目前，国家统计局在《国民经济行业分类》中将水路运输行业划分为水上旅客运输、水上货物运输和水上运输辅助活动三大部分，具体构成如表 1-6 所示。

表 1-6　国家统计局水上运输业划分

第一层级	第二层级
水上旅客运输	远洋旅客运输
	内河旅客运输
	客运轮渡运输
水上货物运输	远洋货物运输
	沿海货物运输
	内河货物运输
水上运输辅助活动	客运港口
	货运港口
	其他水上运输辅助活动

第三节　经验借鉴及启示

一、港航业总体划分为港口、航运两大类

伦敦和香港均将港航业划分为港口业和航运业两大类，新加坡划分为港口业、船舶业和全球海事服务业。实质上，新加坡的船舶业和全球海事服务业也是对航运业的进一步细分。

二、港口业按生产过程和生产区域两种方法划分

伦敦和新加坡的港口均按照生产过程进行划分，主要包括港口基本生产过程（如货物装卸等）和生产服务过程（如理货、仓储、引航等）。与新加坡不同的是，伦敦把海上救助、潜水打捞划归到航运业。而香港的港口业划分独树一帜，是按生产区域划分的。

三、航运业按是否包含船舶运输业务划分

新加坡和香港的航运业主要包括高端航运服务业务，如海上保险、船舶金融、海事法律仲裁、航运经纪等。而伦敦的航运业涵盖的内容更为广泛，除上述方面外，还包括船舶运输、航运咨询、媒体出版等。

四、关于海事机构和组织是否划归港航业存在不同做法

只有香港把海事机构和组织纳入港航业态，伦敦和新加坡均未将海事机构和组织纳入港航业态。

第二章　上海港航业态划分

第一节　港航业态的概念

一、行业

行业是指从事相同性质的经济活动的所有单位的集合。

二、主要活动

当一个单位对外从事两种以上的经济活动时，主要活动是指占其单位增加值份额最大的一种活动。

与主要活动相对应的是次要活动和辅助活动。次要活动是指一个单位对外从事的所有经济活动中，除主要活动以外的经济活动。辅助活动是指一个单位的全部活动中，不对外提供产品和劳务的活动。辅助活动是为保证本单位主要活动和次要活动正常运转而进行的一种内部活动。

三、法人单位

具备下列条件的单位为法人单位：

（1）依法成立，有自己的名称、组织机构和经营场所，能够独立承担民事责任；

（2）独立拥有和使用（或授权使用）资产，承担负债，有权与其他单位签定合同；

（3）会计上独立核算，能够编制资产负债表。

四、产业活动单位

产业活动单位是法人单位的附属单位。产业活动单位应同时具备下列条件：

(1) 在一个场所从事一种或主要从事一种经济活动;

(2) 相对独立地组织生产、经营或业务活动;

(3) 能够掌握收入和支出等核算资料。

五、业态

一般商业业态是针对特定消费者的特定需求,按照一定的战略目标,有选择地运用商品经营结构、店铺位置、店铺规模、店铺形态、价格政策、销售方式、销售服务等经营手段,提供销售和服务的类型化服务形态。

本书的港航业态,并非港口和航运商业活动的具体形式,而是指港航产业,即从事相同性质的港航经济活动的所有法人单位和产业单位的集合。

第二节 上海港航业态划分现状

一、现状

目前上海没有专门对港航业态进行详细的划分。《2011 年上海统计年鉴》体现了上海港航业的总体发展状况,主要划分为港口业和航运业两方面,其中航运业部分单列了远洋运输,港口业部分重点反映了沿海港口和集装箱运输,但均未具体细分。2011 年上海市交通港航发展研究中心编制的《上海市交通港航行业发展报告——港口航运》按照上海国际航运建设的情况,打破了传统管理部门职责的范围,从港航专门的业态扩展到金融、保险、法律、培训教育等相关业态,体现了上海港航业的基本结构,详见表 2-1。

表 2-1 《上海市交通港航行业发展报告》中的港航业结构

<table>
<tr><th>第一层级</th><th>第二层级</th><th>第三层级</th></tr>
<tr><td rowspan="5">港口及其辅助业</td><td>港口货运</td><td></td></tr>
<tr><td>港口客运</td><td></td></tr>
<tr><td rowspan="3">港口辅助业</td><td>引航</td></tr>
<tr><td>拖带</td></tr>
<tr><td>理货</td></tr>
</table>

（续表）

第一层级	第二层级	第三层级
航运及其辅助业	国际海上运输及辅助业	国际船舶运输
		国际船舶代理
		国际船舶管理
		无船承运
	国内水路运输及辅助业	国内水路运输
		水运服务
	打捞和救助	
	船舶登记	
	船舶检验	
现代高端航运服务业	航运经纪	
	船舶交易	
	海事仲裁与法律服务	海事审判
		海事仲裁
	航运金融	航运信贷和融资租赁
		航运保险
		航运金融衍生品开发

二、存在问题分析

目前上海没有权威的港航业态划分标准,《上海市交通港航行业发展报告》中的结构体系也不是很全面,难以全面反映上海港航业态的发展全貌,不利于上海国际航运中心现代航运业的发展。因此,上海还需要由专门的管理机构(如上海市交通运输和港口管理局、上海市统计局等)对港航业态进行明确的划分,制定港航业态划分标准。

当上海港航业态的划分标准明确后,可以进一步对上海港航业态进行编码。

第三节　港航业态划分原则和规定

一、港航业态划分原则

本研究通过参照国家行业分类方法，借鉴典型港口港航业态的划分经验，对上海港航业态进行划分，主要原则如下：

1. 按照国际通行的经济活动同质性原则划分

按照联合国的《全部经济活动的国际标准产业分类》中关于经济活动的同质性原则对港航业中的经济活动进行分类。

2. 参照国民经济行业分类标准划分

港航业的划分可以结合国民经济行业分类标准，将与港航业务相关的活动独立出来。例如，将金融业中与港航业务相关的活动从金融业中划分出来，归入航运金融。

3. 与上海现阶段港航业发展状况相适应

港航业态的分类首先要立足于上海港航业发展的实际情况，力求准确反映上海现阶段港航业经济活动的发展状况。上海港航业态的划分除考虑港航业分类自身的特点和整体结构外，还要考虑上海港航业发展过程中出现的新兴产业形态。

4. 服务于上海国际航运中心建设

上海港航业态的划分要结合上海国际航运中心建设的目标，着重突出高端航运服务业的发展趋势。

二、港航业态划分规定

1. 产业分类的基本单位

根据联合国《全部经济活动的国际标准产业分类》的划分原则，行业分类最理想的基本单位是产业活动单位。

当采用产业活动单位作为行业分类的基本单位时，应注意以下两种情况：

(1) 在一个场所，主要从事一种经济活动的法人单位，其本身就是一个产业活动单位。

(2) 从事多种经济活动，下设多个活动场所，各有相对独立的组织形式，并能提供相应的收入和支出等核算资料的法人单位，应进一步按经济活动划分产业活动单位。

2. 单位行业归属的确定

本研究按照主要活动确定单位的行业。

(1) 一个单位从事一种经济活动,即按照该活动确定单位的行业。

(2) 一个单位从事两种以上的经济活动,则按照主要活动确定单位的行业。如果无法用增加值确定该单位的主要活动,可依据销售收入、营业收入或从业人员确定主要活动。

第四节 港航业态划分依据

产业研究和分析的目的不同,产业的分类方法也有所不同。

产业的一般分类方法是关联式分类方法。所谓关联式分类法就是将具有某种相同或相似关联方式的企业经济活动组成一个集合的分类方法。它又根据不同的关联方式分为多种分类方法,如技术关联分类法、原料关联分类法、用途关联分类法等。

技术关联分类法下的企业必须在产品的主要生产技术或制作工艺上具有相似的特点;原料关联分类法下的企业要求具有相同的原材料;用途关联分类法下的企业的产品要求具有相同或相似的用途。

港航业如果通过技术和原料关联进行分类,很难找到区分不同企业的界限,也很难形成系统;而通过用途关联的划分,分类难度较低,也更容易形成体系。

通过以上分析比较,本研究认为用途关联分类法,即具有相同或相似服务的企业经济活动组成一个集合的分类方法,更适合作为上海港航业态划分的依据。

其他划分依据包括现行的《国民经济行业分类(GB/T 4754—2011)》《国际标准行业分类(ISIC4)》及《中华人民共和国港口法》《中华人民共和国国际海运条例》《中华人民共和国水路运输管理条例》《中华人民共和国水路运输服务业管理规定》《港口经营管理规定》《船舶交易管理规定》等。

第五节 港航业态划分类别及其内涵

上海港航业态可按照附加值划分为高附加值业态和低附加值业态,其中高附加值业态是上海港航业未来发展的重点。也可以按照技术构成划分为高端、中端和低端，分别对应于知识密集型、资本密集型和劳动力密集型。但这种划分方法存在一定问题，例如，同样是港口装卸，也有中端和低端的区别。内河港口装卸多是低端的，资本投入和机械设备很少，以劳动力为主，如散货装卸；而集装箱装卸则为中端，因需要大量资本，并向知识密集型转型，如无人堆场、无人装卸码头等已经属于高端。

综上所述，港航业作为一种产业，是与社会生产力水平相适应的社会分工形式的表现，是一个多层次的经济系统。本研究首先按照产业链将上海港航业态划分为主体业态、辅助业态、衍生业态三大业态，然后再按其经济活动进一步划分为若干个大项，每个大项又按照辐射范围和服务内容相同或相似关联方式分为若干中项，再将服务对象具有关联的企业经济活动细分为若干小项，最后依据相同或相似的服务方式将各个小项细分为若干细项（如表 2－2 所示）。每个业态的细分程度不一定相同，根据其包含的范围与内容具体确定。

表 2－2　上海港航业态划分

业态	大项	中项	小项	细项
主体业态	港口装卸及客运服务	货物装卸	集装箱装卸	
			干散货装卸	
			液体散货装卸	
			滚装装卸	
		港口客运服务	旅客上下船舶	
	船舶运输	船舶货运	国际货运	国际干散货运输
				国际集装箱运输
				国际油轮运输
			沿海货运	沿海集装箱运输
				沿海散杂货运输
				沿海重大件运输
				沿海滚装运输
			内河货运	内河集装箱运输
				内河散杂货运输
				内河重大件运输

（续表）

<table>
<tr><th>业态</th><th>大项</th><th>中项</th><th>小项</th><th>细项</th></tr>
<tr><td rowspan="9">主体业态</td><td rowspan="5">船舶运输</td><td rowspan="5">船舶客运</td><td rowspan="2">国际客运</td><td>国际渡轮</td></tr>
<tr><td>国际邮轮</td></tr>
<tr><td>沿海客运</td><td>三岛客运、省际客运</td></tr>
<tr><td>内河客运</td><td>对江轮渡、水上游览</td></tr>
<tr style="display:none"></tr>
<tr><td rowspan="4">水运工程</td><td rowspan="2">航道工程</td><td>航道建设</td><td></td></tr>
<tr><td>航道养护</td><td>航道疏浚、扫测、航标</td></tr>
<tr><td rowspan="2">港口工程</td><td>海港工程</td><td></td></tr>
<tr><td>河港工程</td><td></td></tr>
<tr><td rowspan="19">辅助业态（G5539）</td><td rowspan="8">港口辅助业</td><td rowspan="5">港口装卸辅助业</td><td>引航</td><td></td></tr>
<tr><td>拖带</td><td></td></tr>
<tr><td>理货</td><td></td></tr>
<tr><td>驳运</td><td></td></tr>
<tr><td>仓储</td><td></td></tr>
<tr><td rowspan="3">港口客运辅助业</td><td>国际邮轮引航</td><td></td></tr>
<tr><td>候船服务</td><td></td></tr>
<tr><td>售票服务</td><td></td></tr>
<tr><td rowspan="11">航运辅助业</td><td>船舶代理</td><td></td><td></td></tr>
<tr><td>客货运代理</td><td></td><td></td></tr>
<tr><td>无船承运</td><td></td><td></td></tr>
<tr><td>船舶管理</td><td></td><td></td></tr>
<tr><td>船舶供应</td><td></td><td></td></tr>
<tr><td>集装箱管理</td><td></td><td></td></tr>
<tr><td>船舶修理</td><td></td><td></td></tr>
<tr><td>船员劳务</td><td></td><td></td></tr>
<tr><td>船舶检验</td><td></td><td></td></tr>
<tr><td>船舶登记</td><td></td><td></td></tr>
<tr><td>水上救捞</td><td></td><td></td></tr>
</table>

（续表）

业态	大项	中项	小项	细项
辅助业态（G5539）	水运工程辅助业	航标	航标建设、养护、管理	
		水文测量		
		水工设计		
		水工监理		
		水工检测		
衍生业态	港口衍生业	港口物流		
		港机租赁		
	航运衍生业	船舶租赁		
		集装箱租赁		
		船舶交易		
		航运交易		
		航运经纪	租船经纪	
			船舶买卖经纪	
			航运远期交易经纪	
		航运金融	船舶融资	
			融资租赁	
			航运基金	
		航运保险	航运保险与再保险、保险公估、保险经纪、保险代理	
		海事法律和仲裁	海事法律	
			海事仲裁	
		航运信息与咨询	航运信息	
			航运咨询、媒体	
		航运科研	航运相关科研院所	
		航运教育培训	航运专业学校教育、培训机构	
		邮轮衍生服务	免税店	
			商务会展、文化娱乐	

一、主体业态

主体业态分为港口装卸及客运服务、船舶运输和水运工程三大项。

1. 港口装卸及客运服务

港口的主体业态就是港口装卸和客运服务，可以进一步划分为货物装卸和港口客运服务两类。其中，货物装卸包括集装箱装卸、干散货装卸、液体散货装卸、滚装装卸，而港口客运服务则主要指旅客上下船舶。

2. 船舶运输

船舶运输包括货运和客运。

(1) 船舶货运根据运输范围划分为国际货运、沿海货运和内河货运。

国际货运：在国家与国家、国家与地区之间进行的货物运输，包括国际干散货运输、国际集装箱运输和国际油轮运输。

沿海货运：本国沿海各港口间的海上货物运输，包括沿海集装箱运输、沿海散杂货运输、沿海重大件运输和沿海滚装运输。

内河货运：在国内江、河、湖泊、水库等天然或人工水道运送货物的运输方式，包括内河集装箱运输、内河散杂货运输和内河重大件运输。

(2) 船舶客运根据运输范围划分为国际客运、沿海客运和内河客运。

国际客运：在国家与国家、国家与地区之间进行的旅客运输，包括国际渡轮、国际邮轮等。

沿海客运：本国沿海各港口间的海上旅客运输，包括三岛客运和省际客运。

内河客运：在国内江、河、湖泊、水库等天然或人工水道运送旅客的运输方式，包括对江轮渡和水上游览。

3. 水运工程

水运工程可以分为航道工程和港口工程。航道工程可以分为航道建设和航道养护，其中航道养护包括航道疏浚、扫测、航标。港口工程可以分为海港工程和河港工程。

二、辅助业态

辅助业态分为港口辅助业、航运辅助业和水运工程辅助业。

港口辅助业包括港口装卸辅助业和港口客运辅助业。

港口辅助业作为港口生产产业链的环节是不可或缺的，与主体生产是分不开的，包括引航、拖带、理货、驳运、仓储等。

引航：在一定的水域内，专业从业人员（即引航员）登上船舶，为船舶指引航向，把船舶安全地引进、带出港口，或在港内移泊。

拖带：由拖轮拖运非自航船舶或协助机动船舶靠离、掉头、护航、抢救等专业性活动。

理货：船方或货主根据运输合同在装运港和卸货港收受和交付货物时，委托港口的理货机构代理完成的在港口对货物进行计数、检查货物残损、指导装舱积载、制作有关单证等工作。

驳运：在不同港区之间使用驳船或平底船转运客货。

仓储：在港口仓库或堆场储存物品的行为。

港口客运辅助业包括国际邮轮引航、候船服务和售票服务。

航运辅助业和船舶运输生产是分不开的，包括船舶代理、客货运代理、无船承运、船舶管理、船舶供应、集装箱管理、船舶修理、船员劳务、船舶检验、船舶登记、水上救捞等。

船舶代理：指接受承运人委托，为船舶办理进出港报到、靠泊作业、承揽货源、货物中转或者储存、代签运输单证、费用结算、承运验收或者货物交付等服务业务。

客货运代理：指接受旅客或者托运人、收货人委托，为旅客代订客票，为货物的运输办理揽货订舱、货物装卸、代签运输合同以及办理货运或者作业所需证明等各项服务业务。

无船承运：指无船承运业务经营者以承运人身份接受托运人的货载，签发自己的提单或者其他运输单证，向托运人收取运费，通过国际船舶运输经营者完成国际海上货物运输，承担承运人责任的国际海上运输经营活动。

船舶管理：指船舶管理经营人接受委托，为船舶所有人、承租人或者经营人提供船舶机务、海务、检修、保养，船员配备和管理，船舶买卖、租赁、营运以及资产管理等各项服务业务。

船舶供应：为船舶提供岸电、燃物料、淡水、生活品供应、船员接送等活动。

集装箱管理：与集装箱运输过程相关的集装箱设备租赁、调运、维修保养等管理活动。

船舶修理：当船舶的船体结构腐蚀耗损或机械设备的性能下降、状态不佳或发生故障失效时，为了保持或恢复其原有的技术性能所采取的技术措施，包括计划修理与临时修理等。

船舶检验：船舶检验机构对船舶及其设备的技术状况进行检验、审核、测试和鉴定的总称。

船舶登记：指国家授权的船舶登记机关，针对船舶所有人或其他船舶登记申请人的登记申请，通过签发船舶国籍证书或其他证明文件授予船舶以国籍和权利义务的行为，包括船舶所有权、船舶抵押权、光船租赁、船舶权利的变更和注销以及临时登记等活动。

水运工程辅助业包括航标、水文测量、水工设计、水工监理、水工检测等，其中航标包括航标建设、养护、管理。

三、衍生业态

衍生业态分为港口衍生业和航运衍生业。衍生业态中有一部分不是交通主管部门管理的，而是由商务部门等其他部门管理。

港口衍生业包括港口物流和港机租赁。其中港口物流涉及港口物流园区、保税物流园区等。

航运衍生业态包括船舶租赁、集装箱租赁、船舶交易、航运交易（不同于船舶交易，主要指运输货物的现货交易和期货交易）、航运经纪（包括租船经纪、船舶买卖经纪和航运远期交易经纪）、航运金融（船舶融资、融资租赁、航运基金）、航运保险、海事法律和仲裁、航运信息与咨询、航运科研、航运教育培训、邮轮衍生服务等。

船舶交易：指船舶所有人向境内、境外转让船舶所有权的行为。

航运经纪：围绕船舶建造、买卖、租赁、融资等事项开展的业务活动，以代理、经纪、咨询等方式提供专业服务。

航运金融：航运企业、港口、造船厂、银行、保险公司、证券公司、商品及衍生业务的经销商、金融租赁公司等机构从事融资、保险、资金结算、航运价格衍生产品等经济活动。

海事法律和仲裁：海事法律服务指调整特定海上运输关系和船舶关系的法律规范活动的总称。海事仲裁指海事纠纷当事人根据事前或事后订立的仲裁协议（条款），将纠纷交由约定的仲裁机构进行裁决的活动。

航运信息与咨询：基于各种对航运信息收集、加工、传递、有效利用以及进行综合性研究开发的业务活动。

航运科研：利用科研手段和装备，对航运内在本质和运行规律进行调查研究、实验、试制等活动。

航运教育培训：提高和增进相关人员对航运知识和服务技能水平的活动。

邮轮衍生服务：邮轮公司提供的除邮轮旅游服务之外的经营性服务。

第三章　上海港航业态统计指标体系框架设计

第一节　上海港航统计指标体系设计基本原则

为提高上海港航统计指标体系的数据质量，需要在指标的计算方法上注意以下几点：

一、可比性

可比性指同一个指标的统计数据在时间和空间上具有的可比程度。为防止用户在比较不同时间或空间的统计数据时产生误解。这就要求对港航指标统计的认识、理解以及统计方法在时间上保持基本稳定，在不同空间使用统一的统计制度和统计标准指标，从而保证统计口径和计算方法在时间上一致，在空间上可比。

二、解释性

港航统计指标体系的设计直接影响到统计数据的准确性。如果对港航数据没有正确的理解，就无法做正确的分析研究，因此，用户必须了解他们所获得的港航数据的性质。这就要求对港航统计数据的各项指标分别进行解释说明，主要包括各个港航统计指标的含义及口径、统计范围、统计数据的调查方法、统计分组原则、指标计算方法、数据在整理加工过程中的方法以及统计数据的各种误差等，以帮助数据用户正确地理解并使用统计数据，防止对港航统计数据的错误解释。

三、衔接性

衔接性指不同的港航统计数据之间，也就是同一个港航统计机构内部不同的港航统计指标之间、不同港航统计机构之间以及与国际组织之间的统计数据具有较高的衔接程度。这就要求整个统计调查范围内的各港航所有统计项目应该有统一的港航统计指标体系、统计分类标准，以及统一的数据统计调查方法，使来自各不同渠道的统计数据之间具有衔接性和一致性；应该使用统一的方法和程序对统计数据进行加工整理，同时也应该采用国际上统一的统计标准，与国际港航统计保持衔接和一致，便于在全球范围内与各国进行横向比较分析。

四、可操作性

指标是研究理论与实践操作的结合点，有些指标虽然很合适，但是不容易得到，实践操作和研究资料的采集就不切实可行，缺乏可操作性。因此，指标体系的设计、编制必须确认是否具有简单、有效、系统、整体、实用以及能够重复检验等特性。

第二节　上海港航统计指标体系设计基本思路

一、上海港航统计指标体系依据上海港航业态分类框架进行设计

近年来，上海国际航运中心的发展逐步由原来的依靠自然条件到依靠体制的推进。第一代国际航运中心的形成主要依赖于自然条件及内陆腹地的经济发展水平。进入第二代国际航运中心时代以来，体制构建、政策推动的成分开始上升，一些硬条件上的缺陷往往通过借助体制与政策的推动加以弥补。因此，要全面反映国际航运中心的建设进程，必然需要重新厘清上海港航业态分类，指标设计上不仅需要考虑吞吐量、周转量、装卸量等主要的港口、运输生产指标，同时需要从金融环境、法律环境、人才环境和信息化环境等多个角度设计指标来反映上海港航业态的发展状态。

二、主体产业指标设计注重全面性

上海港航业态的主体产业是港口业、航运业和水运工程业。由于上海港航产业的发展历史悠久，对区域经济的影响极其深远，上海港口统计和航运统计相关指标设计相对比较成熟，对本部分业态的指标设计主要从基础设施、行业装备、生产成果、企业规模、经济效率评价、产品质量和安全、环保等几个方面展开。与原有指标相比，主要差异体现在：①根据业态的调整框架，港口指标体系调整

为货物装卸和客运服务业态指标体系，指标设计中不再包括引航、拖带、驳运、仓储等辅助指标；②指标设计中新增了洋山深水港装卸、邮轮靠泊、多式联运中转等反映港航发展新动向的指标。

三、辅助业态和衍生业态注重关键指标的设计

港航辅助产业主要包括港口辅助业、航运辅助业和水运工程辅助业。由于这些行业主要是从原有的港口业、航运业和水运工程业中独立出来的，企业相对较小，与主体产业相比，其业务量相对较少，同时产业发展历史较短。港航衍生业是指为港航企业提供的融资保险、海事规范、政策咨询、技术标准等相关服务。这类产业服务与港航企业的日常生产经营活动没有直接关系，但它们对港航企业的整个运行与发展过程产生着极其重要的影响，是具有较高附加值的产业。随着港航业态的不断成长，港航辅助业和衍生业的业务范围正在不断调整，新的细分行业不断产生，新名字、新数据不断创造，为了便于统计数据在一段时间内的可比性，在细分业态的指标设计过程中注重关键指标的设计。

四、每个业态包括三方面指标

不同业态需要设计不同的指标反映该行业的变化。但为了便于比较不同业态的相对发展状况，指标的设计既要考虑不同行业指标的特殊性，也要考虑指标的普遍适用性。因此，每个业态基本包括三个方面的指标：①企业指标。其基础指标是企业个数。②行业人才指标。主要用行业中从业人员数量和具有专业技术的人才数量来表示。③生产成果指标。生产成果指标主要分为价值量指标和实物量指标。其中价值量指标体系中的基础指标为营业收入；实物量指标设计与不同业态的具体生产成果的形式有关。

第三节　上海港航业态统计指标体系框架设计

按照上海港航统计指标体系设计基本思路，形成了上海港航业态统计指标体系框架（如表 3－1 所示）。

表 3－1　上海港航业态统计指标体系框架设计

<table>
<tr><td colspan="5">第一部分　上海港口业态指标体系与计算方法</td></tr>
<tr><td colspan="2">第四章　港口装卸及客运服务</td><td colspan="2">第五章　港口辅助业</td><td>第六章　港口衍生业</td></tr>
<tr><td rowspan="2">第一节
基础设施</td><td>一、港口、码头、泊位</td><td rowspan="10">第一节
装卸辅助业</td><td rowspan="2">一、引航</td><td rowspan="10">第一节　港口物流</td></tr>
<tr><td>二、锚地、进出港航道、防波堤</td></tr>
<tr><td rowspan="4">第二节
港口装备</td><td>一、港口机械</td><td rowspan="2">二、拖带</td></tr>
<tr><td>二、港务船舶</td></tr>
<tr><td>三、机车、车辆</td><td rowspan="2">三、理货</td></tr>
<tr><td>四、装卸机械运用</td></tr>
<tr><td rowspan="6">第三节
港口生产</td><td>一、货物装卸、集疏运</td><td rowspan="2">四、驳运</td></tr>
<tr><td>二、货物吞吐量</td></tr>
<tr><td>三、客运吞吐量</td><td rowspan="2">五、仓储</td></tr>
<tr><td>四、进出港船舶</td></tr>
<tr><td>五、运输船舶在港停时</td><td rowspan="7">第二节
客运辅助业</td><td>一、基础设施</td><td rowspan="7">第二节　港机租赁</td></tr>
<tr><td>六、火车在港停时</td><td rowspan="2">二、服务生产</td></tr>
<tr><td colspan="2">第四节　港口企业</td></tr>
<tr><td colspan="2">第五节　港口安全</td><td rowspan="2">三、服务企业</td></tr>
<tr><td colspan="2">第六节　港口能耗</td></tr>
<tr><td colspan="2">第七节　港口环境保护</td><td rowspan="2">四、服务质量</td></tr>
<tr><td colspan="2">第八节　港口经济评价</td></tr>
<tr><td colspan="5">第二部分　上海船舶运输业态指标体系与计算方法</td></tr>
<tr><td colspan="2">第七章　船舶运输</td><td colspan="2">第八章　航运辅助业</td><td>第九章　航运衍生业</td></tr>
<tr><td rowspan="2">第一节
基础设施</td><td>一、航道</td><td colspan="2">第一节　船舶代理</td><td>第一节　船舶租赁</td></tr>
<tr><td>二、内河航道永久性构筑物</td><td colspan="2">第二节　客货运代理</td><td>第二节　集装箱租赁</td></tr>
</table>

（续表）

<table>
<tr><td colspan="5">第二部分　上海船舶运输业态指标体系与计算方法</td></tr>
<tr><td colspan="2">第七章　船舶运输</td><td colspan="2">第八章　航运辅助业</td><td>第九章　航运衍生业</td></tr>
<tr><td colspan="2">第二节　船舶</td><td colspan="2">第三节　无船承运</td><td>第三节　船舶交易</td></tr>
<tr><td rowspan="2">第三节
船舶运输生产</td><td>一、货运</td><td colspan="2">第四节　船舶管理</td><td>第四节　航运交易</td></tr>
<tr><td>二、客运</td><td colspan="2">第五节　船舶供应</td><td>第五节　航运经纪</td></tr>
<tr><td colspan="2">第四节　船舶运输企业</td><td colspan="2">第六节　集装箱管理</td><td>第六节　航运金融</td></tr>
<tr><td rowspan="4">第五节
船舶质量和安全</td><td>一、运输质量</td><td colspan="2">第七节　船舶修理</td><td>第七节　航运保险</td></tr>
<tr><td>二、运输安全</td><td colspan="2">第八节　船员劳务</td><td>第八节　海事法律和仲裁</td></tr>
<tr><td rowspan="2">三、船舶机损事故</td><td colspan="2" rowspan="2">第九节　船舶检验</td><td>第九节　航运信息与咨询</td></tr>
<tr><td>第十节　航运科研</td></tr>
<tr><td colspan="2">第六节　船舶能耗</td><td colspan="2">第十节　船舶登记</td><td>第十一节　航运教育培训</td></tr>
<tr><td colspan="2">第七节　船舶环境保护</td><td rowspan="2">第十一节
水上救捞</td><td>一、水上救助</td><td rowspan="2">第十二节
邮轮衍生服务</td></tr>
<tr><td colspan="2">第八节　船舶运输经济评价</td><td>二、水上打捞</td></tr>
<tr><td colspan="5">第三部分　上海水运工程业态指标体系与计算方法</td></tr>
<tr><td colspan="2">第十章　水运工程</td><td colspan="3">第十一章　水运工程辅助业</td></tr>
<tr><td colspan="2">第一节　水运工程建设</td><td colspan="3">第一节　航标</td></tr>
<tr><td colspan="2">第二节　水运工程企业</td><td colspan="3">第二节　水文测量</td></tr>
<tr><td colspan="2">第三节　水运工程质量与安全</td><td colspan="3">第三节　水工设计</td></tr>
<tr><td colspan="2">第四节　水运工程环境保护</td><td colspan="3">第四节　水工监理</td></tr>
<tr><td rowspan="2">第五节
航道工程</td><td>一、航道整治</td><td colspan="3" rowspan="3">第五节　水工检测</td></tr>
<tr><td>二、航道养护</td></tr>
<tr><td colspan="2">第六节　港口工程</td></tr>
</table>

第二篇　上海港口业态指标体系与计算方法

第四章　港口装卸及客运服务

第一节　基础设施

一、港口、码头、泊位

1. 港口数量

指报告期末港口的实际数量。单位：个。

一般按以下方式统计分组：

(1) 按港口所属的地理位置，分为海港和河港。

(2) 按港口是否对外籍船舶开放，分为对外开放港口和不对外开放港口。

2. 港区面积

指报告期末港区的实际面积，包括水域和陆域面积。单位：km^2。

3. 港区岸线长度

指报告期末港区陆域与水域毗邻地段的实际长度，包括码头长度、护岸和自然岸坡等长度。单位：m。

4. 码头个数

指报告期末投入使用的位于江、河、湖、海边，供船舶系靠，装卸货物和上下旅客的构筑物的实际数量。单位：个。

一般按以下方式统计分组：

(1) 按用途分为货运码头、客运码头、游艇码头、渔船码头、修造船码头、军用码头和工作船码头等。

(2) 按货物种类分为集装箱码头、件杂货码头、液体石化码头、原油码头、液化天然气/石油气(LND/LPD)码头、散装货码头和多用途码头等。

(3) 按平面布置分为顺岸式码头、突堤式码头、栈桥式码头和挖入式码头。

(4) 按断面形式分为直立式、斜坡式、半直立式和半斜坡式。

(5) 按工程结构分为重力式码头、桩式码头、板桩式码头、浮船坞码头和钢筋混凝土大圆筒码头等。

(6) 按使用时间长短可分为临时性码头和永久性码头。

(7) 按投资和业主关系分为货主码头、公用码头和通用码头。

5. 深水码头个数

指报告期末投入使用的深水码头的实际数量。单位：个。

6. 码头前沿水深

指码头前沿当地设计低水位以下的水深，分为设计水深、维护水深和实际水深。单位：m。

7. 码头通过能力

指一个码头在报告期内可供靠泊船舶所载货物(旅客)的额定数量，即设计或核定的通过能力。单位：万 t(万 TEU，万人次，万辆次)/年。

统计分组：可参照码头个数的分组。

8. 泊位个数

指报告期末泊位的实际数量。单位：个。

一般按以下方式统计分组：

(1) 按泊位型式分为码头泊位、浮筒泊位。

(2) 按泊位的使用性质分为生产性泊位、非生产性泊位。

(3) 按靠泊能力分组。

(4) 按码头前沿水深分组。

(5) 按码头类型分组，具体可参照码头个数的分组。

9. 码头泊位长度

指报告期末用于停系靠船舶，进行货物装卸和上下旅客地段的实际长度，包括固定的、浮动的各种型式码头的泊位长度。单位：m。

10. 靠泊能力

指在当地设计低水位时，泊位所能靠泊并进行装卸货物、上下旅客等正常作业的最大满载船舶的载重吨级。单位：万 t。

计算方法：以码头设计文件标明或核定的靠泊能力为准。

11. 泊位通过能力

指一个泊位在报告期内可靠泊船舶所载货物(旅客)的额定数量，即设计或核定的通过能力。单位：万 t(万 TEU，万人次，万辆次)/年。

统计分组：可参照泊位个数的分组。

12. 泊位综合通过能力

指一个泊位在报告期内装卸、储存、集疏运各环节相互适应时能够通过货物(旅客)的额定数量。单位:万 t(万 TEU,万人次,万辆次)/年。

统计分组:可参照泊位个数的分组。

13. 码头泊位日历小时数

指报告期内生产用码头泊位在册日历小时数的总和。单位:h。

14. 码头泊位占用小时数

指报告期内生产用泊位各种船舶实际停靠占用泊位的时间。单位:h。

计算方法:应从船舶靠泊系妥第一根缆绳时起,计算到船舶离泊解完最后一根缆绳时止。

15. 泊位利用率

指在报告期内船舶停靠时间与统计时间的百分比。单位:%。

计算公式:$泊位利用率(\%)=\frac{船舶停靠时间}{统计时间}\times 100\%$

16. 泊位作业率

指报告期内泊位作业小时数占泊位日历小时数的比重(或指报告期内实际停泊长度和作业时间占可供停泊长度和时间的比重),它是反映码头泊位停靠船舶进行作业的使用情况。单位:%。

计算公式:$泊位作业率(\%)=\frac{泊位作业小时数}{泊位日历小时数}\times 100\%$

17. 泊位相对作业率

指报告期内泊位作业小时数占泊位占用小时数的比重,说明泊位相对于占用情况的作业时间的利用程度。单位:%。

计算公式:$泊位相对作业率(\%)=\frac{泊位作业小时数}{泊位占用小时数}\times 100\%$

18. 每米码头泊位吞吐量

指报告期内平均每米码头泊位完成的吞吐量。单位:万 t,TEU。

计算公式:$每米码头泊位吞吐量(万\ t\ 或\ TEU)=\frac{码头泊位完成吞吐量}{码头泊位长度}$

19. 集装箱装卸岸桥台数

指报告期末集装箱码头上的岸桥数量,反映集装箱码头的装卸能力。单位:台。

统计分组：分为大船码头岸桥数和内支线驳船码头岸桥数两种。

二、锚地、进出港航道、防波堤

1. 锚地面积

指报告期末锚地的实际面积。单位：m^2。

统计分组：按锚地所处位置分为港内锚地和港外锚地。

2. 锚地水深

指锚地范围内，最浅处当地海图零点以下的水深。单位：m。

3. 锚地系泊能力

指报告期末锚地能够停泊最大船舶的载重吨级和对应的船舶数量。单位：吨级、艘数。

4. 进出港航道长度

指报告期末进出港航道的实际长度。单位：m。

5. 进出港航道水深

指报告期内进出港航道范围内，最浅处通航水位以下的水深，可分为设计水深、实际水深和乘潮水深。单位：m。

6. 进出港航道宽度

指报告期末进出港航道最窄处的航道宽度。单位：m。

7. 进出港航道乘潮持续时间

指报告期末进出港航道乘潮水位所持续的时间。单位：h。

8. 进出港航道满载通航最大船舶吨级

指报告期内进出港航道能够满载通航的最大船舶吨级。单位：吨级。

9. 防波堤长度

指报告期末港口防波堤的实际长度。单位：m。

第二节 港口装备

一、港口机械

1. 装卸机械数量

指报告期末带有动力的装卸机械的实际数量。单位：台(辆)、负荷能力(t,t/h)。

计算方法：计算装卸机械台数时，由数台装卸机械组成一条专用装卸线的，凡固定场地，不能拆卸移动或增减的，视为一个整体，按一台计算，并按主机进行归类计算，其余作为附属机械不再统计。如虽已组成一条专用装卸线，但组成的机械经常拆移，或虽固定场地，却随任务或水位的变化等原因而部分拆卸移动、增减的，则一律按实际数量归类计算。

一般按以下方式统计分组：

(1) 按用途及种类分为起重机械、连续输送机械、装卸搬运机械、集装箱专用机械、其他专用机械数量。其中起重机械分为固定式起重机、汽车起重机、轮胎起重机、履带起重机、门座起重机、浮式起重机、桥式起重机、门式起重机。连续输送机械类分为气力输送机和皮带输送机。装卸搬运机械类分为叉式装卸车、单斗车、集装箱跨运车、牵引车、搬运车、缆车、载重汽车。专用机械类分为装船机、卸船机、推耙机、装车机、卸车机、堆料机、取料机、斗轮堆、取料机、推土机、集装箱、起重机、装油臂等。

(2) 按使用性质分为生产性和非生产性机械。

2. 装卸机械负荷能力

指报告期末装卸机械中单机的最大负荷能力，包括机械的幅度。单位：万 t。

计算方法：一般以制造厂出厂时标记的负荷量为准，如无标记负荷量，则按技术部门鉴定的负荷量为准。

3. 机械长度

指报告期末实有输送机械和专用机械附属的输送带的长度。单位：m。

计算方法：一般以制造厂出厂时标记的长度为准，如无标记数，则按技术部门鉴定的长度为准。

统计分组：一般按机械的用途及种类分为输送机械和专用机械。

4. 输油臂数量

指报告期末港口用于装卸散装原油、成品油、石油气等输油臂的实际数量。单位：台、组。

二、港务船舶

1. 港务船舶数量

指报告期末港务船舶的实际数量。单位：艘、吨位、hp。

统计分组：一般按工作性质分为工作船舶和工程技术船舶。其中工作船舶分为拖轮、驳船、引水船、消防船、联检船、供应船、交通船、垃圾船。

2. 港务船舶登记总吨

指报告期末按船舶总容积计算的吨位数量。单位：吨位。

计算方法：根据国际海事组织制定的《1969年国际船舶吨位丈量公约》的有关条款的规定确定，以船舶证书的记载为准。

3. 港务船舶总载重量

指报告期末港务船舶达到设计满载吃水时可载运的重量，包括货物、船用燃料及淡水等。单位：万t。

统计分组：可参照港务船舶数量的分组。

4. 港务船舶载客量

指报告期末港务船舶可用于载运乘客的额定数量，不包括船员自用的铺位数。单位：客位。

5. 港务船舶功率

指报告期末港务船舶主机的额定功率。单位：kW。

三、机车、车辆

1. 机车数量

指报告期末港口拥有的铁路机车数量。单位：台。

统计分组：按机车的类型分为蒸汽机车和内燃机车。

2. 机车功率

指报告期末港口拥有的铁路机车发动机的功率。单位：kW。

3. 车辆数量

指报告期末港口拥有的自备铁路车辆数量。单位：辆。

4. 车辆载重量

指报告期末港口拥有铁路车辆的额定载重吨位数。单位：吨位。

四、装卸机械运用

统计范围：港口企业用于装卸生产的带有动力的装卸机械，包括正在使用、因故停工、待修、在修、待报废及租(借)入的装卸机械。不包括经批准封存、正在恢复修理、出租(借出)的装卸机械、无动力平板车、集装箱平板车及非生产用的装卸机械。

1. 日历台时

指报告期内装卸机械在册日历小时数，包括完好台时和非完好台时。单位：

台时。

计算公式：日历台时(台时)＝$\sum$(每种装卸机械台时×在册日历小时)

2. 完好台时

指报告期内装卸机械技术状态良好可供使用的台时数，包括工作台时和停工台时。单位：台时。

计算公式：完好台时(台时)＝日历台时－非完好台时＝工作台时＋停工台时

3. 非完好台时

指报告期内装卸机械技术状况不良，不能从事装卸和其他作业的台时数。包括在修、待修、待报废及作业过程中1小时以上的故障修理台时。单位：台时。

4. 工作台时

指报告期内装卸机械在完好台时中实际进行装卸作业和辅助作业的台时数，包括装卸机械转移工作场地的途中行驶时间。单位：台时。

计算公式：工作台时(台时)＝完好台时－停工台时＝装卸作业台时＋辅助作业台时

5. 停工台时

指报告期内装卸机械在完好台时内未进行装卸工作的台时数，包括无任务、停电以及因自然环境原因造成的停工时间。单位：台时。

6. 作业台时

指报告期内装卸机械在工作台时中实际从事装卸作业的台时数。单位：台时。

7. 完好率

指报告期内装卸机械完好台时占日历台时的比重。单位：%。

计算公式：$完好率(\%)=\frac{完好台时}{日历台时}\times100\%$

8. 工作率

指报告期内装卸机械工作台时占完好台时的比重。单位：%。

计算公式：$工作率(\%)=\frac{工作台时}{完好台时}\times100\%$

9. 作业率

指报告期内装卸机械作业台时占工作台时的比重。单位：%。

计算公式：作业率(%)$=\frac{作业台时}{工作台时}\times100\%$

10. 利用率

指报告期内装卸机械工作台时占日历台时的比重。单位：%。

计算公式：利用率(%)$=\frac{工作台时}{日历台时}\times100\%$

11. 作业量

指报告期内装卸机械在装卸作业过程中所操作完成的货物数量。在同一操作过程中，由数台机械联合作业完成 1t(TEU)货物装卸时，则每台机械分别计算一个作业量。单位：万 t，TEU。

12. 台时产量

指报告期内装卸机械平均每一装卸作业台时所完成的作业量。单位：t/台时、TEU/台时。

计算公式：台时产量(t/台时、TEU/台时)$=\frac{作业量}{作业台时}$

第三节 港口生产

一、货物装卸、集疏运

1. 装卸量

指报告期内进、出港区范围，并经过装卸的货物数量。单位：万 t，TEU。

计算方法：

(1) 从车、船上卸下的进港货物或装上车、船的出港货物，各计算一次装卸量。

(2) 进出港货物在车、船间直取和货船外档过驳，虽在港口仅操作一次，但规定要按一装一卸计算，作为两个装卸量。

(3) 在同一港口的各作业区之间的货物驳运，凡未出港区范围的不算装卸量。

统计分组：按不同运输工具分为集装箱、干散货、液体散货、滚装装卸等。

2. 操作量

指报告期内装卸作业中，完成"一个完整操作过程"的货物数量。单位：

万 t。

计算方法：一个完整的操作过程中，1 t 货物不论经过几部机械或几组工人操作，也不论其装卸工艺、搬运距离远近，或是否有辅助作业，均只能计算一个操作量。

所谓完整的操作过程，是指货物由某一运输工具（船或车）到另一运输工具或库场，由库场至运输工具或库场的整个装卸搬运过程。操作过程一般包括：①船↔船；②船↔车、驳；③船↔车、库场；④车、驳↔库场；⑤库场↔库场；⑥管道↔船；⑦车、驳↔车、驳等。这里的船包括运输船舶和驳船（驳轮），车包括火车、汽车和其他运输车辆。但不包括同一货场内的倒垛（或转堆）翻舱、拆、倒、灌、缝、包、摊晒货物、过秤检斤等，这些都属于装卸辅助作业，一律不计算操作量。

3. 装卸自然吨数

指报告期内进、出港区并经装卸的货物自然吨数量。单位：万 t。

计算方法：1 t 货物从进港到出港，不论经过几个操作过程，均只计算一个装卸自然吨数。

4. 装卸机械效率

指报告期内装卸机械平均每小时装卸的集装箱换算箱数。单位：TEU/h。

5. 装卸费

指报告期内货物在港口进行装卸作业，港方按规定向货方或船方收取的费用。单位：万元。

6. 装卸管理费

指报告期内港方按规定向进入港区进行装卸货物的非本港工人征收的管理性费用。单位：万元。

7. 集装箱船时效率

指在集装箱船舶作业中，船舶装卸箱总量和船舶进行装卸总作业时间的比值。单位：TEU/h。

计算公式：集装箱船时效率(TEU/h)＝

$$\frac{\text{整船集装箱作业船集装自然箱}}{\text{船舶在码头的作业时间}}$$

8. 操作系数

指报告期内货物的操作量与装卸自然吨数的比值。

计算公式：$\text{操作系数}=\frac{\text{操作量}}{\text{装卸自然吨数}}$

9. 集运量

指报告期内到港货物的实际卸货数量。单位：万 t，TEU。

统计分组：按运输方式分为集装箱集运量、干散货集运量、液体散货集运量和滚装集运量等。

10. 船箱位准确率

指报告期内出口装船中堆位准确的重箱箱数占总重箱箱数的比重。它反映报告期内码头企业装船质量的优劣。单位：%。

11. 疏运量

指报告期内离港货物的实际装货数量。单位：万 t，TEU。

统计分组：同集运量分组。

12. 集装箱海铁联运运量

指报告期内集装箱海铁联运的总量。单位：TEU。

13. 集装箱海铁联运比例

指报告期内集装箱海铁联运运量占港口集装箱吞吐量的比例。单位：%。

二、货物吞吐量

1. 货物吞吐量

指报告期内经由水路进、出港区范围并经过装卸的货物数量。包括邮件，办理托运手续的行李、包裹以及补给运输船舶的燃料、物料和淡水。单位：万 t。

计算方法：

(1) 自本港装船运出港口的货物，计算一次出港吞吐量；由水路运进港口卸下的货物，计算一次进港吞吐量。由水路运进港口，经装卸又从水路运出港口的转运货物，分别按进港和出港各计算一次吞吐量。

(2) 货物吞吐量必须以该船在本港装卸的货物全部装卸完毕，并办理交接手续后一次进行计算。

(3) 汽车的吞吐量按车辆数和实际重量分别计算。

下列情况不计算货物吞吐量：

(1) 由同一船舶运载进港，未经装卸又运载出港的货物(包括原驳船换拖)。

(2) 由同一船舶卸下，随后又装上同一船舶运出港区的货物，或装船未运出港区，又卸回本港的货物。

(3) 港区范围内的轮渡、短途运输货物，以及为运输船舶装卸服务和各码头之间的驳运量。

(4) 港口进行疏浚,运出港外抛弃的泥沙。

(5) 在港区内装船运至港区以外倒入海内的废弃物。

一般按以下方式统计分组:

(1) 按货物的贸易性质分为内贸吞吐量和外贸吞吐量。外贸吞吐量是指我国与外国及我国港、澳、台地区之间贸易往来运进运出港口并经装卸的货物(箱)数量,包括在我国港口中转的转口贸易货物(箱)数量。内贸吞吐量是指我国国内贸易运进运出港口并经装卸的货物(箱)数量。其中外贸吞吐量按其承运船舶的船旗分组。

(2) 按货物的类别分,可根据现行的交通行业标准《运输货物分类和代码》执行。

(3) 按货物物理形态和包装形式分为液体散货吞吐量、干散货吞吐量、集装箱吞吐量和滚装汽车吞吐量等。

(4) 按承运船舶的类型分为干散货船、集装箱船、液体散货船和滚装船等。

(5) 按货物流向分为进港吞吐量和出港吞吐量。

(6) 按装卸货物的作业地点可分为码头泊位、浮筒锚地过驳、装卸平台过驳等,其中码头泊位要逐个分别统计。

(7) 按航线分国际航线吞吐量、内贸线吞吐量和内支线吞吐量。

(8) 按港口性质分海港吞吐量和内河港吞吐量。

(9) 按码头性质分为公共码头吞吐量和货主码头吞吐量。

(10) 按进、出口可分为进口吞吐量、出口吞吐量。进口吞吐量是指经由水运运进港区范围并经装卸的货物(箱)数量。出口吞吐量是指经由水运运出港区范围并经装卸的货物(箱)数量。

(11) 按装卸货物的作业方式可分为直接经岸、水上过驳。直接经岸是指货物(箱)从岸上直接装至运输船上或从运输船上直接卸至岸上的数量。水上过驳是指船舶装卸不经码头岸边,直接在水上驳船同大型船舶间进行装卸作业的作业货物(箱)数量。包括运输船至运输船的直接换装(也即船过船转口),以及运输船与港内驳运船舶之间的换装数量。

(12) 按承运船舶的班期可分为定班船(亦称班轮)吞吐量和不定班船吞吐量。

2. 集装箱吞吐量

指报告期内经由水路进、出港区范围并经装卸的集装箱数量。单位:箱,

TEU,t。

计算方法:

(1) 以箱量计算,按集装箱的实际箱数和折合为20英尺集装箱数计算。

(2) 以重量计算,按集装箱的总重和货重计算。无法取得集装箱实际重量时每TEU按8 t折算。

一般按以下方式统计分组:

(1) 按集装箱的类型分组。

(2) 按是否装载货物分为空箱集装箱和重箱集装箱。

(3) 根据需要,可参照货物吞吐量的分组。

3. 水水中转集装箱吞吐量

指报告期内从某港装船运至本港,并在本港办理中转手续后经装卸又运至指定港口的集装箱数量。这里本港称中转港,办理中转手续的集装箱称为中转箱。单位:TEU。

4. 洋山港区集装箱吞吐量

指报告期内在洋山港区所完成的进出港并装卸的集装箱数量。单位:TEU。

5. 长江内支线中转吞吐量

指报告期内已办理中转手续的长江流域经济腹地各个港口通过水运到上海港中转或经上海港中转并通过水运运至长江流域经济腹地各港的外贸集装箱,反映报告期内码头企业对长江流域经济腹地的辐射能力。单位:TEU。

6. 沿海内支线中转吞吐量

指已办理中转手续的通过上海港采取水运方式运输的沿海地区的外贸集装箱为沿海内支线中转箱。单位:TEU。

7. 国际中转吞吐量

指报告期内周边国家或地区港口通过水运到上海港中转的外贸集装箱数量。单位:TEU。

8. 最高昼夜吞吐量

指当日22点到次日22点,在这24 h内的集装箱吞吐量,体现集装箱码头企业报告期内集装箱吞吐量的昼夜最高水平,反映报告期内码头企业生产高峰时段的昼夜最大船舶装卸能力。单位:TEU。

9. 滚装汽车吞吐量

指报告期内进、出港区范围自行驶上、驶下运输船舶的汽车(含车内货物)数量。单位：辆、次、t。

计算方法：

(1) 按滚装汽车的实际数量计算。

(2) 按滚装汽车的重量计算，包括货物的重量和汽车的自重。

(3) 在滚装汽车的重量无法取得的情况下，按滚装汽车的体积吨计算。

统计分组：根据需要，可参照货物吞吐量的分组。

三、客运吞吐量

1. 旅客吞吐量

指报告期内经由水路乘船进、出港区范围的旅客数量。单位：人次。

计算方法：旅客吞吐量计算中应包括购买半票的旅客人数和乘旅游船进、出港区的旅客人数，不包括免票儿童、船舶船员人数，以及在港区内短途客运的旅客人数。

一般按以下方式统计分组：

(1) 按旅客流向分为旅客发送量和旅客到达量。

(2) 按航线分为国内航线旅客和国际航线旅客。

(3) 按旅客国籍分组。

2. 邮轮旅客吞吐量

指报告期内通过邮轮进、出港区范围的旅客数量。单位：人次。

一般按以下方式统计分组：

(1) 同旅客吞吐量分组。

(2) 按国际邮轮类别分为国际班轮、访问港班轮和母港邮轮。

四、进出港船舶

统计范围：凡进、出港区并在港内停泊，其总吨在5吨位及以上(或总载质量在10 t及以上)的各种运输船舶、工程技术船舶等，不论船籍，是否装卸货物或上下旅客，均纳入统计。包括来港避风的船舶，从事商业性运输或作业的军用、公安、体育运动及渔业船舶；不包括本港从事港务工作的船舶，以本港为基地或在本港从事基建施工、航道疏浚、打捞救助的工程技术船舶，尚未取得船舶证书专为试航而进、出港口的新造船舶，已缴销船舶证书专为进港解体(即拆船)的各种已报废的船舶，商港、渔港混合港口停靠渔港码头的渔船，以及商港、军港混合港口停靠军用码头的军用船舶。

1. 进出港船舶数

指报告期内进、出港口船舶的实际数量。单位：艘次。

一般按以下方式统计分组：

(1) 按船舶承运货物的贸易性质分为进出港外贸船舶和进出港内贸船舶。

(2) 按船舶国籍分为进出港外国籍船舶和进出港本国籍船舶。

(3) 按船舶类型、船舶载重量分组。

2. 进出港船舶登记总吨

指报告期内以进、出港口船舶总容积计算的吨位数量。单位：吨位。

计算方法：以船舶登记证书上记载的为准。

统计分组：同进出港船舶数分组。

3. 进出港船舶登记净吨

指报告期内以进、出港口船舶有效容积计算的吨位数量。单位：吨位。

计算方法：以船舶登记证书上记载的为准。

统计分组：同进出港船舶数分组。

4. 进出港船舶总载重(箱)量

指报告期内进、出港口船舶达到设计满载时可载运的实际重量(箱量)数。单位：万 t，TEU。

计算方法：以船舶登记证书记载的为准。

统计分组：同进出港船舶数分组。

5. 进出港船舶船员数

指报告期内所有进、出港口船舶的船员人数。单位：人。

6. 进出港邮轮数

指报告期内进、出港口的邮轮实际数量。单位：艘次。

一般按以下方式统计分组：

(1) 按邮轮航线分为国内航线邮轮和国际航线邮轮。

(2) 按国际邮轮类别分为国际班轮、访问港班轮和母港邮轮。

7. 进出港邮轮船员数

指报告期内所有进、出港口邮轮的船员人数。单位：人。

五、运输船舶在港停时

统计范围：凡在码头、浮筒、锚地上进行装卸作业的运输船舶均应进行统计。不包括客船、客货船、路过和来港避风未装卸货物的船舶。

1. 船舶停泊艘次

指报告期内船舶在港停泊艘次的实际数量。单位：艘次。

计算方法：一艘船舶从进港时起至出港时止，不论单装单卸或又装又卸；不论是否移泊或移泊次数多少，均只计算为一个停泊艘次。

一般按以下方式统计分组：

(1) 按船舶承运货物的贸易性质分为外贸船舶和内贸船舶。

(2) 按船舶国籍分为外国籍船舶和本国籍船舶。

(3) 按船舶类型、船舶载重量等分组。

2. 邮轮靠泊艘次

指报告期内邮轮在港停泊艘次的实际数量。单位：艘次。

3. 船舶停泊总艘时

指报告期内船舶在港停泊的时间。单位：艘时。

计算方法：船舶停泊总艘时由生产性停泊时间、非生产性停泊时间和自然因素停泊时间三部分组成。

统计分组：同船舶停泊艘次分组。

(1) 生产性停泊时间

指船舶在运输生产工程中所必需的停泊时间。包括装卸作业时间、移泊时间、技术作业时间和其他生产性停泊时间。单位：艘时。

(2) 非生产性停泊时间

指报告期内由于运输、装卸组织工作不善，或因船舶到港不均衡，或货物不能按时集中等运输生产过程非必需的停泊时间。包括港方原因、船方原因、物资部门原因和其他原因四部分。单位：艘时。

① 港方原因停泊时间

指因港口设备、劳动力不足，或调度不当等属于港方责任而造成的船舶等码头泊位、等工人、等库场、等拖驳船以及港口装卸机械设备故障等停泊时间。单位：艘时。

② 船方原因停泊时间

指因船方责任造成的停泊时间。包括等货物积载图、等船员、等运行调度命令、船上装卸机具和照明发生故障等造成的停泊时间。单位：艘时。

③ 物资部门原因停泊时间

指由于物资部门责任，如货物不能按时集中或疏散，流向未定不能开工作业等造成的停泊时间。单位：艘时。

④ 其他原因停泊时间

上述各种非生产性停泊原因以外的其他非生产性停泊时间。包括等联检（植检、商检）、等熏洗舱、等工人换班及吃饭等造成的停泊时间。单位：艘时。

（3）自然因素停泊时间

指因自然因素影响而造成的停泊时间。包括因风、雨、雾等不能作业，高温季节工人工间休息，候潮进出港等所造成的停泊时间，以及船舶到指定地点避风的停泊时间及其往返的航行时间。单位：艘时。

4. 装卸作业时间

包括装卸前后张挂安全网、起放吊杆、开盖货舱、接卸输油管（臂）的准备时间；装卸货物时间；补给船用燃料、货料及淡水的时间；扫舱、铺舱、隔舱及油轮加温等辅助作业时间。单位：艘时。

5. 技术作业时间

指拖驳运输船舶的编、解队时间。单位：艘时。

6. 移泊时间

指装卸作业计划中规定或受港口条件的限制，必须从这一泊位移至另一泊位作业的移泊时间。单位：艘时。

7. 船舶作业舱时数

指报告期内在港停泊船舶各舱口实际作业小时数的总和。一艘船舶开工 1 个舱口作业 1 h，即计为 1 个作业舱时，如果开工 2 个舱口作业 1 h，即计为 2 个作业舱时，其余类推。单位：舱时。

8. 船舶平均每次在港停时

指报告期内平均每艘船舶每次在港停泊的时间。单位：艘时。

计算公式：$船舶平均每次在港停时(天)=\frac{船舶停泊总艘时\div 24}{船舶停泊艘次数}$

9. 船舶平均每次作业在港停时

是指船舶从进港时起至离港时止，平均每艘船舶每次作业在港停泊天数。单位：艘时。

计算公式：$船舶平均每次作业在港停时(天)=\frac{船舶停泊总艘时\div 24}{船舶作业艘次数}$

10. 平均每装卸千吨货（百 TEU）在港停时

指报告期内在港停泊船舶平均每装卸 1 000 t 货物（百 TEU）所占用生产性停泊和港方原因非生产性停泊的时间。单位：艘时。

计算公式：平均每装卸百 TEU 在港停时(天/百 TEU)＝

$$\frac{(\text{生产性停泊时间}+\text{非生产性停泊中港方原因时间})\div 24}{\text{装卸货物数量}}\times 100$$

11. 船舶作业艘次

指报告期内在港装、卸作业船舶的实际数量。单位：艘次。

计算方法：一艘船舶在港单装、单卸按一个作业艘次计算，进行亦卸亦装的双重作业按两个作业艘次计算。

统计分组：同船舶停泊艘次分组。

12. 装卸货物数量

指报告期内在港作业船舶实际装、卸的货物数量，包括船用燃、物料。单位：万 t,TEU。

统计分组：同船舶停泊艘次数分组。

13. 停泊船舶载重(箱)量

指报告期内在港停泊船舶总载重量的实际数量。单位：万 t,TEU。

计算方法：以船舶登记证书上记载的为准。

统计分组：同船舶停泊艘次分组。

14. 平均每次作业船舶载重(箱)量

指报告期内平均每次作业的在港停泊作业船舶载重(箱)量。单位：万 t/艘次、TEU/艘次。

计算公式：平均每次作业船舶载重(箱)量(t/艘次、TEU/艘次)＝

$$\frac{\text{作业船舶载重(箱)量}}{\text{作业船舶艘次}}$$

统计分组：同船舶停泊艘次分组。

15. 平均每艘船舶装卸货物数量

指报告期内平均每艘在港停泊船舶的装卸货物数量。单位：万 t/艘次、TEU/艘次。

计算公式：平均每艘船舶装卸货物数量(万 t/艘次、TEU/艘次)＝

$$\frac{\text{装卸货物数量}}{\text{船舶停泊艘次}}$$

统计分组：同船舶停泊艘次数分组。

16. 作业船舶载重(箱)量

指报告期内在港作业船舶总载重量的实际数量。单位：万 t,TEU。

计算方法：一艘船舶在港单装、单卸，按一次计算作业船舶载重（箱）量，进行亦装亦卸的双重作业时，则按两次计算其作业船舶载重（箱）量。

统计分组：同船舶停泊艘次数分组。

17. 平均船时量

指报告期内平均每艘在港停泊船舶每小时所装卸货物的数量。单位：t/艘时、TEU/艘时。

计算公式：$平均船时量(t/艘时)=\frac{装卸货物数量}{船舶停泊总艘时}$

统计分组：同船舶停泊艘次分组。

18. 平均舱时量

指在港停泊船舶平均每一舱口作业 1 h 所装卸货物吨数。单位：t/舱时。

计算公式：$平均舱时量(t/舱时)=\frac{装卸货物吨数}{船舶作业舱时数}$

六、火车在港停时

统计范围：凡在港区范围的铁路装卸线或路、港协议规定的交叉线内进行装卸货物的货车均进行统计，不包括港口自备货车。

1. 到港车辆数

指报告期内由铁路局送至港口铁路专用线的货车车辆的数量。单位：辆次。

统计分组：按空车、重车进行分组。

2. 作业辆次数

指报告期内货车装车和卸车的实际数量。单位：辆次。

计算方法：计算作业辆次时，装或卸一辆车，即计算一个作业辆次。同一辆车，进行亦卸亦装的双重作业时，则计算两个作业辆次。

3. 在港总停留时间

指报告期内在港车辆的停留时间之和。单位：辆时。

4. 装卸货物数量

指报告期内在港口铁路专用线上，货车实际装卸货物的数量。单位：t，TEU。

5. 日均到港车辆数

指报告期内平均每天由铁路局派车送达港铁路专用线的车辆数。单位：辆次/天。

计算公式：$日均到港车辆数(辆次/天)=\frac{到港车辆数}{日历天数}$

6. 平均一次作业在港停留时间

指报告期内在港铁路专用线上平均每辆货车每次作业所停留的时间。单位：h/辆次。

计算公式：$平均一次作业在港停留时间(h/辆次)=\frac{在港总停留时间}{作业辆次数}$

7. 日均装卸车数

指报告期内平均每天装卸的车辆数。单位：辆次/天。

计算公式：$日均装卸车数(辆次/天)=\frac{作业车辆数}{日历天数}$

8. 平均每作业辆次装卸货物数量

指报告期内平均每辆在港作业车辆装卸货物的数量。单位：t/辆次。

计算公式：$平均每作业辆次装卸货物数量(t/辆次)=\frac{装卸货物吨数}{作业辆次数}$

第四节　港口企业

统计范围：凡从事港口生产的企业均纳入统计。

1. 港口生产企业数量

指报告期末从事港口生产经营活动的企业数量。单位：个。

2. 从业人数

指报告期末从事港口生产经营活动的人员数量。单位：人。

3. 营业收入

指报告期内港口企业从事经营活动所获得的收入。单位：万元。

4. 港口费

指报告期内船舶和货物进、出港口时，船方或货方按规定支付的港口劳务费和规费。单位：万元。

5. 疏运包干费

指报告期内港口企业收取的疏运包干费。疏运包干费也称为疏港费，包括的服务内容有：港区至港外疏港堆场的汽车运输费、堆场内的重箱下车费以及整箱提运时的上车费。单位：万元。

6. 调箱门费

指报告期内港口企业对集装箱箱门不符合港区规定的集卡收取的调箱门费。单位：万元。

7. 装卸包干费

指报告期内港口对集装箱进行装卸作业按规定向船方收取的费用。单位：万元。

计算方法：装卸包干作业包括将堆场上空箱装上货方卡车或送往港方本码头集装箱货运站（仓库），将重箱从货方卡车卸到堆场或从港方本码头集装箱货运站（仓库）送回堆场分类堆存、装船并进行一般加固；将重箱的一般加固拆除，从船上卸到堆场，分类堆存，从堆场装上货方卡车或送往港方本码头集装箱货运站（仓库），然后将空箱从货方卡车卸到堆场或从港方本码头集装箱货运站（仓库）送回堆场。

8. 汽车装卸费

指报告期内在码头发生集装箱汽车装卸作业时，码头收取的费用。单位：万元。

计算方法：包括出口提取空箱环节、进口还箱环节、调运空箱环节。进出口环节中产生的费用向车队收取，调运空箱环节中产生的费用向船公司收取。

9. 搬移费

指报告期内存放在港口整箱提运的集装箱超过10天后，港方认为必要的搬移，以实际发生的搬移次数，向造成集装箱搬移的责任方或要求方计收的搬移费。单位：万元。

10. 堆存费

指报告期内码头企业对堆存在港区的超过免费港存期的集装箱收取的费用。单位：万元。

11. 港口设施保安费

指报告期内针对外贸货物所收取的港口设施保安费。单位：万元。

12. 系解缆费

指报告期内港口工人进行船舶系、解缆所收取的费用。单位：万元。

13. 开、关舱费

指报告期内港口工人开、关船舶舱口收取的费用。单位：万元。

14. 洋山保税港区短驳费

指报告期内查验洋山保税港区装卸的集装箱需从场站运输过来由此产生的短驳费。单位：万元。

15. 洋山保税港区二次转驳费

指报告期内查验的集装箱无法一次顺利运输至查验场地、需要二次运输的情况下，货主在短驳费的基础上支付的费用。

16. 货物港务费

指报告期内港口收取的经营性费用。单位：万元。

第五节　港口安全

1. 事故数量

指报告期内在港口内发生的事故数量。单位：件。

一般按以下方式统计分组：

(1) 按事故级别分为一般事故、较大事故、重大事故和特别重大事故。特别重大事故是指造成30人以上死亡，或者100人以上重伤(包括急性工业中毒，下同)，或者1亿元以上直接经济损失的事故。重大事故是指造成10人以上、30人以下死亡，或者50人以上、100人以下重伤，或者5 000万元以上、1亿元以下直接经济损失的事故。较大事故是指造成3人以上、10人以下死亡，或者10人以上、50人以下重伤，或者1 000万元以上、5 000万元以下直接经济损失的事故。一般事故是指造成3人以下死亡，或者10人以下重伤，或者1 000万元以下直接经济损失的事故。

(2) 按码头性质分类：分常规事故和危化品码头事故。

(3) 按事故责任分类：分为责任事故和非责任事故。

2. 伤亡总人数

指报告期内由于职工伤亡事故致伤和死亡的总人数。单位：人。

计算方法：某职工在报告期内，前后工伤负伤二次或以上，只按一人计算。

3. 伤亡总人次数

指报告期内港区各次伤亡事故中致伤和死亡的人次数总和。单位：人次。

4. 死亡人数

指报告期内由于港口事故造成人员死亡的实际人数。包括事故发生当时和7小时内的死亡人数。单位：人。

5. 受伤人数

指报告期内由于港口事故造成人员受伤的实际人数。单位：人。

统计分组：受伤人数一般可分为轻伤人数和重伤人数。

6. 失踪人数

指报告期内由于港口事故造成人员失踪的实际人数。单位：人。

7. 千人因工死亡率

指报告期内职工在本港生产区域中从事劳动或从事与生产有关的活动而发生的事故中，死亡人数在每千名职工中所占的比重。单位：%。

8. 歇工天数

指报告期内职工负伤歇工的天数。单位：天。

计算方法：从负伤人员工作中断时起到伤愈恢复工作或确定为残废之日止，其间的歇工天数(不包括每周休息日和法定节假日)。

9. 码头泊位损毁数量

指报告期内由于港口事故导致的码头泊位毁损数量。单位：个。

10. 港口建筑设施损毁面积

指报告期内由于港口事故导致的港口建筑设施发生损毁的面积。单位：m^2。

11. 港区道路损毁长度

指报告期内由于港口事故导致的港区内道路损毁的长度。单位：m。

12. 投入设施及设备金额

指报告期内为挽救港口事故导致的损失而投入的设备金额。单位：万元。

13. 抢救人员数

指报告期内所抢救的因港口事故而受伤的人员数量。单位：人。

14. 转移安置人员数

因受到港口事故威胁、袭击，离开住所转移安置到其他地方，需要提供紧急救助的人口，或因断水、断电、交通中断等原因造成生活困难，需提供紧急救助的人口。单位：人。

15. 伤亡事故经济损失

指报告期内职工在劳动生产过程中发生伤亡事故所引起的一切经济损失。包括直接经济损失和间接经济损失。单位：元。

16. 直接经济损失

指报告期内由于港口事故导致设备毁损，人员伤亡、救助费用以及营运等方面的直接经济损失数。单位：元。

第六节　港口能耗

1. 港口能源消耗总量

指报告期内港口企业实际消耗的各种能源实物量按规定的计算方法和单位分别折算为一次能源后的总和。单位：吨标煤，t，kW·h。

统计分组：可按消耗能源种类进行分组。

2. 装卸生产能源消耗量

指报告期内港口企业直接用于装卸生产的能源消耗量。主要包括装卸、水平运输、库场作业、现场照明、客运服务等能源消耗量。单位：吨标煤，t，kW·h。

统计分组：可按消耗能源种类进行分组。

3. 辅助生产能源消耗量

指报告期内港口企业直接为装卸生产服务的能源消耗量。主要包括港作船舶、场区内铁路机车运输、后方货运汽车、物流公司、机修、候工楼、生产办公楼、理货房、港口设施维护、集装箱冷藏箱保温、液体化工码头罐区及管道加热、港区污水处理、给排水等能源消耗量。单位：吨标煤，t，kW·h。

统计分组：可按消耗能源种类进行分组。

4. 每万元收入能源消耗量

指报告期内港口企业每万元主营业务收入所消耗的能源数量。单位：吨标煤/万元、t/万元、kW·h/万元。

统计分组：可按消耗能源种类进行分组。

第七节　港口环境保护

1. 环境管理人员数量

指报告期内港口管理部门负责环保工作的处(科、室)专、兼职人员数量。单位：人。

2. 环境监测人员数量

指报告期内专职从事环境监测的工作人员数量。单位：人。

3. 污染治理人员数量

指报告期内专职从事污水物接收、垃圾接收、除尘及其他污染治理设施的操作人员数量。单位：人。

4. 环境保护投入

指报告期内港口部门用于污染防治、生态保护工作的全部资金投入。按当年公路或港口建设、生产、运营等涉及环境保护的所有投入进行统计。单位：万元。

5. 生态保护设施投入

指报告期内港口部门在生态保护设施方面投入的金额，包括绿化工程、临时占地恢复、保护土地资源措施、保护生物资源（如渔业补偿、动物通道）和保护环境敏感区措施等费用投入。公路主体工程中具有环境保护作用的部分，按一定比例，作为生态保护投入的一部分。单位：万元。

6. 污染防治设施投入

指报告期内港口部门在污染防治设施方面的投入。包括港口的环境污染治理与综合利用设施、船舶防污设备等固定资产投资，环境污染治理与综合利用设施运行维护，缴纳的排污费用。按指标定义给出范围内的全部投入统计。单位：万元。

7. 环境保护设计、咨询投入

指报告期内港口用于污染防治、生态保护等与环境保护有关的设计、环境影响评价、环境保护验收、水土保持方案编制等咨询费用。单位：万元。

8. 环境保护科研投入

指报告期内为解决港口污染与生态破坏问题而开展的科研工作所投入的费用。单位：万元。

9. 环境风险防范与应急处理投入

指报告期内港口部门为应对突发污染事故，采取有效防范和应对措施等而投入的费用，包括应急设备配备、应急演习、应急预案编制、应急培训、污染事故应急处理等费用投入。单位：万元。

10. 污水（废气、固体废物）产生量

指报告期内在没有污染治理设施的情况下，企业正常生产、运行所排放的污染物的量，即在正常技术经济和管理等条件下所产生的原始污染物的量。单位：万 t，标立方米。

统计分组：按污染物的类型分为污水、废气和固体废物。其中，污水分为生活污水、含油污水、化学品废水和其他废水。废气分为锅炉燃料燃烧产生的废气、非甲烷总烃、作业粉尘和其他废气。

11. 污水(废气、固体废物)处理(处置)量

指报告期内经过各种污染物处理设施处理(处置)后的污染物排放量,包括未经处理的部分。单位:万 t。

统计分组:可参照污水(废气、固体废物)产生量的分组。

12. 污水(废气)达标排放量

指报告期内经过污染物处理设施处理后达到排放标准的污染物排放量与虽未经处理设施处理,但符合国家或地方排放标准所排放的污染物排放量两部分之和,即所有排污口排放的全部达标的污染物总量。单位:万 t。

统计分组:可参照污水(废气、固体废物)产生量的分组。

13. 废气主要污染物排放量

指报告期内排放的废水(废气)中主要污染物质本身的纯量。单位:万 t。

统计分组:按废气的类型分为二氧化硫、烟尘、粉尘和非甲烷总烃。

14. 污水回用总量

指报告期内经各种水治理设施处理后回用的工业污水量。单位:万 t。

计算公式:污水回用总量(万 t)=未采用循环用水等措施时所需的新鲜水量-采用循环用水等措施后所需的新鲜水量

15. 固体废物处置量

指报告期内将固体废物焚烧或最终置于符合环境保护规定要求的场所,并不再回取的工业固体废物量。单位:万 t。

16. 船舶供水量

指报告期内港口供给到港船舶的用水量。单位:万 t。

17. 接受环保投诉数量

指报告期内港口主管部门接受的群众环保投诉数量,也包括群众向其他部门反映,由其他部门反馈给港口主管部门的环保投诉数量。单位:件。

18. 环境污染事故数

指在报告期内,港口在营运过程中,由于违反环境保护法规的经济、社会活动与行为,以及意外因素的影响或不可抗拒的自然灾害等原因,致使环境受到污染,国家重点保护的野生动植物、自然保护区受到破坏,人体健康受到危害,社会经济和人民财产受到损失,造成不良社会影响的突发性事件的件数。单位:件。

一般按以下方式统计分组:

(1) 按污染源的类型分为油污染、化学品污染和其他类型污染。

(2) 按事故性质分为责任事故和非责任事故。

19. 环境污染与破坏事故造成经济损失

指报告期内由于环境污染或破坏行为造成的直接经济损失。单位：万元。

20. 环境保护科研项目立项数量

指报告期内港口部门为加强污染防治、保护生态环境而开展的各类环境保护科研项目数量。单位：项。

21. 环境保护规划编制完成数量

指报告期内港口部门为加强污染防治、保护生态环境而编制的各类环境保护规划项目数量。单位：项。

22. 环境保护科研项目获科学技术奖励数量

指报告期内编制完成的港口环境保护科研项目成果应用于实际，获得国家级或省部级奖励的项目数量。单位：项。

第八节 港口经济评价

1. 港口业对国内生产总值(GDP)贡献率

指报告期内港口业一定区域内增加值占该区域国内生产总值(GDP)的份额。单位：%。

计算公式：$港口业对国内生产总值贡献率(\%)=\frac{港口业增加值}{该区域\ GDP}\times 100\%$

2. 港口业对国内生产总值(GDP)增长率的直接贡献

指报告期内港口行业增加值的增量所引起的国内生产总值的增长率。单位：%。

计算公式：港口业对国内生产总值(GDP)增长率的直接贡献(%)＝

$$\frac{报告期内港口业增加值-上个报告期内港口业增加值}{上个报告期内国内生产总值(GDP)}\times 100\%$$

3. 全员劳动生产率

指反映报告期内港口行业生产效率和人均产出水平的综合指标。单位：元/人。

计算公式：$全员劳动生产率=\frac{港口行业增加值}{平均从业人数}$

4. 成本费用利润率

指反映报告期内港口行业投入产出效率的综合指标。单位：%。

计算公式：成本费用利润率(%)$=\frac{\text{利润总额}}{\text{成本费用总额}}\times 100\%$

其中：成本费用总额＝营业(销售)成本＋营业(销售)费用＋管理费用＋财务费用。

营业(销售)成本是指水路运输企业营运业务等主要经营业务的实际成本。包括企业从事主营业务的各项营运直接费(如工资、材料、燃料、职工福利费、修理费、折旧、租费(不包括融资租赁费)、外付劳务费、过路过桥费)和营运间接费等。

营业(销售)费用是指水路运输企业营运业务等主要经营业务的直接营运费用。

管理费用是指水路运输企业行政管理部门为组织和管理营运活动而发生的管理费用。包括公司经费、劳动保险费、医疗保险费、职工教育经费、待业保险费、绿化费、技术开发费、坏账损失、咨询审计诉讼费、业务招待费、开办费摊销、无形资产摊销、排污费、董事会经费、出差人员差旅费等。

财务费用是指水路运输企业为筹集生产经营所需资金而发生的费用。包括利息支出(减利息收入)、汇兑损失(减汇兑收益)以及相关的金融机构手续费等。

5. 总资产报酬率

指报告期内反映港口行业全部资产的获利能力，从而反映总体管理水平和经营业绩的综合指标。单位：%。

计算公式：总资产报酬率(%)$=\frac{\text{利税总额}+\text{利息支出}}{\text{平均资产总额}}\times 100\%$

其中：平均资产总额为期初资产总额和期末资产总额的算术平均值。

6. 净资产报酬率

指反映报告期内港口业全部资本金的获利能力，从而反映总体管理水平和经营业绩的综合指标。单位：%。

计算公式：净资产报酬率(%)$=\frac{\text{利润总额}}{\text{平均所有者权益}}\times 100\%$

其中：平均所有者权益为期初所有者权益合计和期末所有者权益合计的算术平均值。

所有者权益是指水路运输企业实际拥有的资产总额中除去总负债后的余额。

7. 资产负债率

指反映报告期末水路运输业总体偿债能力和经营风险高低的综合指标。单位：%。

计算公式：$资产负债率(\%)=\frac{负债总额}{资产总额}\times 100\%$

8. 营运资金比率

指反映报告期末港口业总体偿债能力和利用负债从事经营活动能力的综合指标。单位：%。

计算公式：营运资金比率(%)=

$$\frac{报告期末流动资产总额-报告期末流动负债总额}{报告期末流动资产总额}\times 100\%$$

9. 资本保值增值率

指反映报告期内港口业净资产的变动状况，从而反映发展后劲的综合指标。单位：%。

计算公式：$资产保值增值率(\%)=\frac{报告期末所有者权益总额}{报告期初所有者权益总额}\times 100\%$

10. 资产增加值率

指报告期内港口业单位平均资产所创造的增加值，是反映未来发展能力的综合指标。单位：%。

计算公式：$资产增加值率(\%)=\frac{增加值}{平均资产总额}\times 100\%$

其中：平均资产总额为期初资产总额和期末资产总额的算术平均值。

第五章　港口辅助业

第一节　装卸辅助业

一、引航

1. 引航单位数量

指报告期内登记在册的引航单位数量。单位：个。

2. 从业人数

指报告期内从事引航活动的人员数量。单位：人。

3. 引航员人数

指报告期内具有引航资格并从事引航工作的人数。单位：人。

4. 移泊费

指报告期内引领船舶进行移泊作业，按规定向船方收取的费用。单位：万元。

5. 引航费

指报告期内引航员引领船舶进、出沿海港口，按规定计收的费用。单位：万元。

6. 引航艘次

指报告期内为进、出港区和在港内移泊的船舶引航作业的次数。每引领一艘船舶进、出港或移泊一次即为一个引航艘次。单位：艘次。

一般按以下方式统计分组：

(1) 按引航的类型分为进口、开航和移泊。

(2) 按引航的船舶类型分为集装箱船舶、危险品船、超大型船、国际油轮、特种船和军舰。

(3) 按引航船舶的航线分为内贸船和外贸船。

(4) 按吃水分为吃水 10 m 以上和吃水 10 m 以下的船舶。

(5) 按引航长度分为180 m以上和250 m以上。

二、拖带

1. 拖带企业数量

指报告期内从事拖带业务的企业数量。单位：个。

2. 从业人数

指报告期内从事拖带工作的人数。单位：人。

3. 拖带费

指报告期内使用港口拖轮拖带船舶进、出港，移泊、靠离码头或编、解队作业等，港方按规定向船方收取的费用。单位：万元。

4. 船舶拖带作业量

指报告期内拖船所完成拖带船舶的数量。单位：艘次。

统计分组：按拖带作业类型分为助泊作业、拖带作业、抢险救助作业和消防监护作业。

5. 平均每千瓦拖带(顶推)量

指报告期内拖船平均每千瓦功率拖带(顶推)的货物数量。单位：万 t/kW。

计算公式：$$\text{平均每千瓦拖带(顶推)量(万 t/kW)}=\frac{\text{拖带(顶推)换算周转量}}{\text{拖船总航程载重量}}$$

三、理货

1. 理货单位数量

指报告期内从事理货经营活动的单位数量。单位：个。

2. 从业人数

指报告期内从事理货经营工作的人数。单位：人。

3. 理货费

指报告期内委托港口的理货机构代理完成的在港口对货物进行计数、检查货物残损、指导装舱积载、制作有关单证等工作所获得的收入。单位：万元。

统计分组：按货类分件杂货理货、集装箱货理货。

4. 集装箱理货费

指报告期内理货机构通过集装箱理货收取的理货费。单位：万元。

统计分组：集装箱理货费可分为集装箱理货装箱费和集装箱理货拆箱费。

5. 放箱费

指报告期内通过放箱公司提箱支付的费用。单位：万元。

6. 理货量

指报告期内委托港口的理货机构代理完成的在港口对货物进行计数、检查货物残损、指导装舱积载、制作有关单证等工作的数量。单位：万 t。

7. 集装箱理货量

指报告期内委托港口理货机构代理完成的集装箱理货量。单位：万 t,TEU。

统计分组：按集装箱理货类型分为集装箱装箱理货和集装箱拆箱理货。

四、驳运

1. 企业数量

指报告期内从事驳运经营活动的企业数量。单位：个。

2. 从业人数

指报告期内从事驳运工作的人数。单位：人。

3. 驳运费

指报告期内使用港口驳船在港区内驳运货物，港方按规定向货方或船方收取的费用。单位：万元。

4. 驳运量

指报告期内在港区范围完成的驳运货物数量。单位：万 t,TEU。

5. 驳运周转量

指报告期内驳运量与其驳运距离的乘积之和。单位：t·km,TEU·km。

计算公式：驳运周转量(t·km,TEU·km)= $\sum$(每批驳运量×该批驳运量的驳运距离)

五、仓储

(一) 基础设施

1. 库场面积

指报告期末库场内部的总面积。单位：m^2。

计算方法：多层仓库应为各层仓库的面积之和。

一般按以下方式统计分组：

(1) 按库场所在位置可分为前方库场和后方库场。

(2) 按库场建筑结构可分为仓库、货棚和堆场。

2. 库场有效面积

指报告期末库场面积中实际可用于堆存货物的面积。单位：m^2。

计算方法：库场有效面积为库场总面积减去办公室、墙距、柱距、货堆间距、消防设备间距、安全通道等所占用的不能用于堆存货物的面积。

统计分组：同库场总面积分组。

3. 油罐、液化气罐、圆筒仓容积

指报告期末油罐、液化气罐、圆筒仓的实际容积。单位：m^3。

统计分组：一般按承装货物类别分组。

4. 油罐、液化气罐、圆筒仓有效容积

指报告期末油罐、液化气罐、圆筒仓实际可用于存储货物的容积，按设计文件标明的为准。单位：m^3。

5. 单位面积堆存定额

指在同一时间内平均每平方米有效面积堆存货物的吨数。单位：t/m^2。

计算方法：技术定额与使用定额两种。

(1) 技术定额：根据仓库、堆场建筑结构情况确定。

(2) 使用定额：除根据仓库、堆场建筑结构情况外，还要按不同货物的物理化学特性、包装情况、堆码型式及高度，以及技术安全条件等因素来测定。如使用定额尚未测定时，可按下列公式计算：

$$\text{单位面积堆存定额}(t/m^2)=\frac{\text{同一时间最大堆存货物吨数}}{\text{有效面积}}$$

油罐、圆筒仓的相应指标为单位有效容积储存定额。单位：t/m^3。

6. 库场容量

指报告期末库场最大安全堆存货物的数量(又称库场一次堆存量)。单位：t，TEU。

$$\text{计算公式：容量}(t,\text{TEU})=\frac{\text{有效面积}}{\text{每标箱面积}}\times\text{集装箱堆码层数}$$

7. 平均堆存能力

指报告期内平均每天拥有的仓库、堆场的货物堆存能力。单位：t/天、TEU/天。

$$\text{计算公式：平均堆存能力}(t/\text{天、TEU/天})=\frac{\sum\text{每天的堆存能力}}{\text{日历天数}}$$

8. 库场通过能力

指报告期内库场所能堆存的货物数量。单位：t,TEU。

计算公式：$库场通过能力(t,TEU)=\frac{库场容量\times库场可供使用天数}{货物平均堆存期}$

9. 集装箱装卸场桥台数

指集装箱码头后方堆场上的场桥数量,反映集装箱码头后方堆场的生产作业能力。单位：台。

10. 平面箱位数

指报告期末不考虑堆放层高的集装箱箱位个数。单位：TEU。

(二) 仓储生产

1. 企业数量

指报告期内从事港口仓储业务的企业数量。单位：个。

2. 从业人数

指报告期内从事港口仓储经营活动的人员个数。单位：人。

3. 指定箱号费

指报告期内堆场为货主制定某一集装箱并搬移至专门地点存放所收取的费用。单位：万元。

4. 拖运空箱费

指报告期内港外堆场依据船方的要求将空箱从港区运输至堆场或者从堆场运送至港区所收取的费用。单位：万元。

5. 汽车装卸费

指报告期内在堆场发生集装箱汽车装卸作业时,堆场收取的费用。单位：万元。

6. 搬移费

指报告期内集装箱在堆场发生搬移,由责任方或申请方支付搬移费;因特定情况集装箱发生多次搬移的,最多可收取两次搬移费。单位：万元。

7. 修箱费

指报告期内空箱还箱时,堆场受船公司委托查验集装箱的状态,如有损坏,则需要修理并向责任方收取的相应费用。单位：万元。

8. 清洗费

指报告期内堆场为客户清洗污箱收取的费用。单位：万元。

9. 堆存费

指报告期内为集装箱提供堆存保管服务的收费。单位：万元。

计算方法：自进入堆场之日至提离堆场的当天止，扣除规定的堆存期后，堆场按实际堆存天数收取堆存费。

10. 货物堆存数量

指报告期内仓库(罐)、堆场所存储货物的实际数量。单位：万 t，TEU。

计算公式：货物堆存数量(万 t，TEU)＝期初堆存货物数量＋本期入库(场)货物数量

11. 入库(场)货物数量

指报告期内进入仓库(罐)、堆场的货物实际数量。单位：万 t，TEU。

12. 出库(场)货物数量

指报告期内自仓库(罐)、堆场运出的货物实际数量。单位：万 t，TEU。

13. 期初堆存货物数量

指报告期初仓库(罐)、堆场所存储货物的实际数量。单位：万 t，TEU。

14. 期末堆存货物数量

指报告期末仓库(罐)、堆场所存储货物的实际数量。单位：万 t，TEU。

15. 单位面积堆存量

指报告期内平均每平方米仓库、堆场有效面积实际堆存货物数量。单位：t/m^2，TEU/m^2。

计算公式：$单位面积堆存量(t/m^2, TUE/m^2)=\frac{堆存货物量}{平均有效面积}$

16. 货物堆存吨(TEU)天数

指报告期内仓库(罐)、堆场货物堆存数量与其实际堆存天数乘积之和。单位：t 天、TEU 天。

计算方法：为简便，可用报告期内每天仓库(罐)、堆场结存的货物数量和每天出仓库(罐)、堆场的货物数量之和的累积数代替。

计算公式：货物堆存吨(TEU)天数(t 天、TEU 天)＝ $\sum$(每天结存的货物数量＋每天出库(场)的货物数量)

17. 货物平均堆存期

指报告期内每吨(TEU)货物平均在仓库、堆场堆存的天数。单位：天。

计算公式：$货物平均堆存期(天)=\frac{货物堆存吨(TEU)天数}{货物堆存数量}$

18. 平均堆存货物量

指报告期内仓库堆场平均每天堆存的货物数量。单位：吨/天、TEU/天。

计算公式：$平均堆存货物量(吨/天、TEU/天)=\frac{货物堆存吨(TEU)天数}{日历天数}$

19. 空箱平均堆存天数

指报告期内空箱在码头、场站累计堆存天数与空箱自然箱数的比值。单位：天。

计算公式：$空箱平均堆存天数(天)=\frac{空箱累计堆存天数}{空箱自然箱数}$

20. 容量周转次数

指报告期内仓库、堆场容量平均堆存货物的次数。单位：次。

计算公式：$容量周转次数(次)=\frac{货物堆存数量}{平均堆存能力}=\frac{日历天数}{货物平均堆存期}\times库存利用率$

21. 库场利用率

指报告期内平均每天堆存货物数量与库场平均堆存能力的比值，反映仓库、堆场的平均利用程度。单位：%。

计算公式：$库场利用率(\%)=\frac{平均堆存货物量}{平均堆存能力}\times100\%$

22. 集装箱平均在港时间

指报告期内集装箱在港口累计堆存的天数与集装箱自然箱数的比重。单位：天。

计算公式：$集装箱平均在港时间(天)=\frac{集装箱累计堆存天数}{集装箱自然箱数}$

23. 外集卡平均在港滞留时间

指报告期内平均一辆外来集卡每次作业在港停留时间，反映报告期内码头企业堆场作业效率。单位：h/辆次。

第二节　客运辅助业

一、基础设施

1. 客运站数量

指报告期内水路客运站的实际数量。单位：个。

2. 客运站面积

指报告期末水路客运站实际占用的土地面积。单位：m^2。

3. 客运站建筑面积

指报告期末水路客运站中所有生产、生活设施的建筑面积之和。单位：m^2。

4. 候船室面积

指报告期末客运站中供旅客候船的使用面积之和。单位：m^2。

5. 经营面积

指报告期内售票厅和候船厅中的经营面积。单位：m^2。

6. 未对社会船舶开放的客运站数量

指报告期内未对社会船舶开放的客运站数量。单位：个。

二、服务生产

1. 总班次

指报告期内应发送的船舶客运班次总数。单位：班次。

统计分组：可参照客运量的分组。

2. 实发班次

指报告期内实际发送的船舶客运班次数。单位：班次。

统计分组：可参照客运量的分组。

3. 邮轮航班班次

指报告期内应发送的邮轮客运班次。单位：班次。

统计分组：按邮轮类别分为国际班轮、访问港和母港邮轮。

4. 日发班次

指报告期内水路客运站平均每日始发的客运班次数。单位：班次。

统计分组：同营运班线数量分组。

5. 邮轮引航艘次

指报告期内为进、出港区和在港内移泊的邮轮引航作业的次数。每引领一艘邮轮进、出港或移泊一次即为一个引航艘次。单位：艘次。

统计分组：按邮轮类别分为国际班轮、访问港和母港邮轮。

6. 售票数量

指报告期内售票机构发售水路客运船票的数量。单位：张。

统计分组：可参照客运量的分组。

7. 邮轮售票数量

指报告期内售票机构出售的邮轮船票数量。单位：张。

统计分组：按邮轮售票机构的性质分为旅行社出售的邮轮船票和邮轮票务专卖店出售的邮轮船票。

三、服务企业

1. 港口客运辅助企业数量

指报告期末从事港口客运票务、候船等服务活动的单位数量总和。单位：个。

2. 从业人数

指报告期末从事港口客运辅助经营活动的人数。单位：人。

3. 营业收入

指报告期内从事港口客运辅助经营活动所获得的收入。单位：万元。

4. 售票金额

指报告期内水路客运售票部门出售船票的总量。单位：万元。

统计分组：参考客运站分组。

5. 邮轮售票金额

指报告期内邮轮售票部门售出邮轮船票的总量。单位：万元。

四、服务质量

1. 售票差错率

指报告期内发售的差错票数占发售总票数的比率。单位：%。

计算公式：$售票差错率(\%)=\frac{发售差错票数}{发售总票数}\times 100\%$

统计分组：按船舶航行区域分组分为国际客运、沿海客运和内河客运。

2. 正班班次

指报告期内按计划发出的客运班次数。单位：班次。

统计分组：可参照客运量的分组。

3. 脱班班次

指报告期内客运船舶脱班的班次数。单位：班次。

统计分组：可参照客运量的分组。

4. 误点班次

指报告期内客运船舶误点的班次数。单位：班次。

统计分组：可参照客运量的分组。

5. 正班率

指报告期内客运船舶正班班次占总班次的比率。单位：%。

计算公式：$船舶正班率(\%)=\frac{正班班次}{总班次}\times100\%$

6. 旅客意见处理率

指报告期内已处理的旅客意见件数占收到的旅客意见总件数的比率。单位：%。

计算公式：$旅客意见处理率(\%)=\frac{已处理的旅客意见件数}{收到的旅客意见总件数}\times100\%$

统计分组：同售票差错率分组。

7. 重大运输服务质量事件数

指报告期内凡在地级以上新闻媒体上曝光的服务质量问题，或由当事人投诉并经查情节确实十分恶劣的服务质量问题的数量。单位：件。

8. 安全事故数

指报告期内发生由水路客运站方负主要责任的致使职工或旅客死亡 1 人以上或重伤 2 人以上的安全事故数。单位：件。

9. 直接经济损失

指报告期内由于水路客运站发生事故导致的经济损失。单位：万元。

第六章 港口衍生业

第一节 港口物流

统计范围：在港口围绕货物展开运输、仓储、加工、分拨、包装、信息等一系列物流增值服务的活动。

1. 企业数量

指报告期内从事港口物流活动的企业数量。单位：个。

2. 港口物流从业人数

指报告期内从事港口物流活动的从业人员数量。单位：人。

3. 营业收入

指报告期内从事港口物流服务的经营活动的收入。单位：万元。

4. 保税港区个数

指报告期内经国务院批准，设立在国家对外开放的口岸港区和与之相连的特定区域内，具有口岸、物流、加工等功能的海关特殊监管区域的数量。单位：个。

5. 保税港区封关面积

指报告期内保税港区所达到的封关面积。单位：m^2。

6. 保税区企业从业人数

指报告期内保税港区企业的从业人员数。单位：人。

7. 国际采购企业数量

指报告期内在保税港区从事国际采购的企业数量。单位：个。

8. 国际采购从业人数

指报告期内在保税港区从事国际采购业务的人数。单位：人。

9. 国际采购量

指报告期内国际采购商在保税港区对货物进行统一调拨管理的数量。单位：万元。

10. 出口集拼业务量

指报告期内在保税港区开展集装箱出口集拼业务的数量。单位：万元。

11. 中转集拼业务量

指报告期内在保税港区内对水水中转的货物开展集装箱装卸、堆存、拆拼、多式联运等活动的业务量。单位：万元。

12. 商品分拨量

指报告期内在保税港区运用“保税-滞后纳税”为特征的分拨运作模式，将区内商品销售到国内和国际市场的数量。单位：万元。

13. 采购配送量

指报告期内集中采购众多供应商的小批量多批次货物在保税物流园区进行简单增值服务后进行配送的数量。单位：万元。

14. 产品维修额

指报告期内在保税港区从事开展高附加值、高技术含量高端产品维修活动的业务量。单位：万元。

15. 保税展示量

指报告期内为进口高档汽车、机械设备、航空配件等提供保税展示交易数量。单位：万元。

16. 保税延展量

指报告期内保税港区内存储、加工和销售环节实现海关的统一监管的保税延展货物数量。单位：万元。

17. 期货保税交割量

指报告期内在保税港区将处于保税状态下的货物纳入交割系统的数量。单位：万元。

18. 保税交割仓库容量

指报告期内保税交割仓库的容量。单位：m^3。

19. 保税交割仓库运营商数量

指报告期内对保税交割仓库进行管理、操作的企业数量。单位：个。

20. 港口物流金融企业数量

指报告期内从事港口物流金融服务的企业数量。单位：个。

21. 港口物流融资额

指报告期内金融机构为港口物流企业提供的融资金额。单位：万元。

22. 离岸账户数量

报告期内企业在保税港区开设离岸账户的数量。单位：个。

23. 外汇试点单位个数

指报告期内探索组合型转口贸易模式下的外汇收付、结算，开展跨国企业资金收付汇集中管理试点单位数。单位：个。

第二节　港机租赁

1. 港机租赁企业数量

指报告期末从事港机租赁经营活动的企业数量。单位：个。

2. 从业人数

指报告期末从事港机租赁经营活动的从业人员数。单位：人。

3. 港机租赁金额

指报告期内港机租赁的总量。单位：万元。

统计分组：按租赁的形式可分为经营租赁、融资租赁及其他。

第三篇　上海船舶运输业态指标体系与计算方法

第七章　船 舶 运 输

第一节　基 础 设 施

一、航道

1. 航道里程

指报告期末在沿海、江河、湖泊、水库、渠道和运河水域内，船舶、排筏在不同水位期可以通航的实际航道里程数。单位：km，n mile。

计算原则：内河航道里程按主航道中心线实际长度计算。航道里程不得重复计算。

一般按以下方式统计分组：

(1) 按行政等级分为国家航道、地方航道和专用航道。

(2) 内河航道里程按航道等级可以分为一级航道、二级航道、三级航道、四级航道、五级航道、六级航道、七级航道和七级以下航道。

(3) 按航道自然特性分为天然航道和人工航道。

(4) 按可通航时间分为全年通航航道和季节性通航航道。

(5) 按航道设置助航标志情况分为设标航道和未设标航道。

(6) 按通航状况分为正常通航航道、恶化航道和断航航道。

2. 航道维护里程

指报告期内航道里程中，为保证航道正常通航而进行经常性或季节性航道养护工作的里程数量。单位：km。

3. 航道通过能力

指单位时间(通常为一年)内航道某一控制断面可能通过的最大货运量。单位：万 t/年。

计算方法：航道通过能力一般以上、下水的货运量的总和表示。如以一个方向的货运量表示，则为单向通过能力。

二、内河航道永久性构筑物

1. 船闸数量

指报告期末实际拥有船闸的数量。单位：座。

统计分组：一般按船闸类型分为单线船闸、复线船闸、多线船闸。

2. 船闸通过能力

指单位时间(通常为一年)内船闸能够通过的船舶总载重吨位或最大货运量。一般按设计或核定能力计算。单位：万 t/年。

3. 升船机数量

指报告期末实际拥有升船机的数量。单位：座。

统计分组：一般按吨级进行分组。

4. 升船机通过能力

指单位时间(通常为一年)内升船机能够通过的船舶总载重吨位或最大货运量。一般按设计或核定能力计算。单位：万 t/年。

5. 碍航闸坝数量

指报告期末实际存在碍航闸坝的数量。单位：座。

6. 断航闸坝数量

指报告期末实际存在断航闸坝的数量。单位：座。

7. 跨航道建筑物数量

指报告期末跨航道建筑物的实际数量。单位：处。

第二节 船 舶

1. 船舶实有数

指报告期末拥有的船舶实际数量。包括运输船舶、工程船舶和辅助船舶，不包括渔船和军用船舶。单位：艘。

一般按以下方式统计分组：

(1) 按船舶所有者的经济性质分组。

(2) 按船舶航行的不同航区分为远洋船舶、沿海船舶和内河船舶。

(3) 按船舶船体材质分为钢质船、木质船、水泥船和其他材质船舶。

(4) 按船舶动力可分为机动船和非机动船。机动船又称自航船，指装有各种发动机推进装置、以机械动力行驶的船舶。非机动船指不靠发动机作为推进动力装置的船舶，主要包括驳船和帆船。驳船指本身无动力装置，或只设简易动力装置，依靠拖船或推船带动的平底船。

(5) 按船舶的用途分组。船舶按用途可分为运输船舶、辅助船舶、工程船舶等。运输船舶是指直接从事客货运输的船舶，包括客船、客货船、货船和拖船。客船是指专门用于运输旅客及其携带的行李和邮件的船舶，按照普通客船、客滚船和高速客船分类进行统计，其中普通客船包括客渡船、旅游客船等；客货船是指除运送旅客及其携带的行李之外，还可装载相当数量货物的船舶；货船是指专门用于运送各种货物的船舶，又分为杂货船、散货船、集装箱船、滚装船、液货船和其他货船；拖船是指专门拖带其他船舶、船队、木排或浮动建筑物的船舶。

辅助船舶指不直接从事客、货运输，为运输生产服务的船舶。包括交通船、巡逻艇、消防船、检疫艇、引航船、供应船、起锚艇、带缆艇、救生船、救助拖船及港作拖轮、驳船等。

工程船舶指用于航道、航务、港建工程等装有专用技术设备并完成特定技术工作的船舶或为工程服务的船舶。包括挖泥船、吹泥船、泥驳、起重船、打桩船、打夯船、打捞船、布缆船、铺管船、航标船、破冰船、测量船、铺管船、海难救助船、海洋开发船、海洋调查船、钻探船、浮油回收船及其他工程船等以及航道、航务工程部门专用的拖轮、驳船等。

(6) 按船舶技术状况分为一类船舶、二类船舶、三类船舶和四类船舶。

一类船舶指船舶技术状况良好，可以保持正常运输生产，符合安全生产要求的船舶。具体条件有：①船体、主要机电设备和专用设备的技术状况能满足船检部门的各项有关规定，并取得应有的全部证书，鉴定书中无保留意见；②能达到各项定额，不减载、不减拖，主、辅机均能达到额定功率，工程船舶专用设备不降低设计性能；③燃、润料消耗和工况参数可达到额定水平；④主要安全、应急、自动装置指示正确，功能正确。

二类船舶指船舶技术状况尚好，能正常营运，基本上符合安全生产条件，具体条件基本与一类船舶相近，但有如下差别：①船体、主要机电设备和专用设备的技术状况可满足船检部门的船舶检验规范的要求，并取得应有的全部证书，但鉴定书中列有限期解决的问题；②有局部缺陷，可以在计划修理中得到解决。

三类船舶指船舶技术状况不良，存在问题较多，带病航行，须经大修理才能恢复正常营运生产，具体条件有：①船体、主要机电设备和专用设备的技术状况存在较大缺陷，须采用一定措施后可取得船检部门的证书，但鉴定书中有较大保留意见；②主要技术参数不能达到额定要求，有限制航区、减载、减拖、减低气压，主机降低负荷等情况。

四类船舶指船舶技术状况严重不良，已不具备安全生产条件，被迫停航的船舶。

(7) 按船舶的船籍国别分为中国籍船舶和外国籍船舶。按船舶登记国别分为悬挂中国国旗船和方便旗船。

(8) 按船舶的船龄分组。

(9) 按船舶的登记总吨分组。

(10) 按船舶所有权分为自有船舶和租赁船舶。其中融资租赁船舶属于自有船舶。

2. 登记总吨(总吨)

指报告期末以船舶总容积计算的实际吨位数量。单位：吨位。

计算方法：总吨是根据船舶丈量规范的规定，丈量出船舶所有大舱、房间等围蔽场所的总容积，减去规范中规定免除的部分(如船舶驾驶室、双层底、公共卫生用的舱室等)的容积，以 2.83 m^3 为 1 t，计算得出的吨位数，以船舶证书记载的为准。

3. 登记净吨(净吨)

指报告期末以船舶有效容积计算的实际吨位数量。单位：吨位。

计算方法：净吨是指从船舶总容积中减去船员处所、机舱处所等不能用来载运旅客、货物的容积，得到的船舶有效容积，以 2.83 m^3 为 1 t，计算得出的吨位数，船舶证书上均有记载。

4. 总载质量

指报告期末所拥有的船舶达到设计满载时可以装载的实际重量。单位：万 t。

船舶总载质量包括货物、人员及其行李、粮食及供应品、淡水、燃料、润滑油等的重量，但不包括固定压载、备件、机器和管系中的液体重量。相当于满载排水量减去空船排水量。

5. 净载质量

指报告期末所拥有船舶的总载质量减去燃(物)料、淡水、粮食及供应品、人员及其行李等的重量及船舶常数后，能够装载货物的实际重量。单位：万 t。

计算公式：净载质量＝总载质量－燃(物)料重量－淡水等给养－船舶常数

船舶常数指船舶经过一段时间营运后的空船重量与船舶建造出厂时空船重量的差值。

6. 载客量

指报告期末所拥有船舶可用于载运旅客的额定数量。单位：客位。

计算方法：由于船舶载运旅客设备不同，有铺位和座位之分。在计算客位数时，不论是铺位还是座位，均按一个客位计算。客货船临时将货舱改作载客用途，该船的客位数不作变更。载客量不包括船员自用铺位。

7. 箱位量

指报告期末所拥有船舶可装载集装箱的额定数量。单位：TEU。

计算方法：各种外部尺寸的集装箱均按折算系数折算成 20 英尺集装箱进行计算。

统计分组：按集装箱所有权分为自有集装箱和租用集装箱。融资租赁属于自有集装箱。

8. 车位量

指报告期末滚装运输船舶可用于装载车辆的额定数量。单位：车位。

9. 营运船舶数

指报告期末技术状况完好可以从事客、货运输工作的船舶。单位：吨位(客位，TEU，车位，kW)。

统计分组：可参照船舶实有数的分组。

10. 老旧运输船舶报废数

指报告期内办妥报废手续的国内运输船舶数量。单位：艘。

一般按以下方式统计分组：

(1) 根据船舶经营范围的不同分为远洋运输船舶、沿海运输船舶和内河运输船舶。

(2) 按船舶类别进行分组。

11. 老旧运输船舶报废净载重吨

指报告期内办妥报废手续的国内运输船舶净载重吨。单位：万 t。

一般按以下方式统计分组：

(1) 根据船舶经营范围的不同分为远洋运输船舶、沿海运输船舶和内河运输船舶。

(2) 按船舶类别进行分组。

12. 船舶流量

指报告期内通过指定观测断面的船舶艘数。单位：艘次。

一般按以下方式统计分组：

(1) 按观测断面名称进行分组。

(2) 按船舶类型首先分为营运船舶、非营运船舶和其他船舶三大类。营运船舶又分为客船、普通货船、集装箱船、危险品船和船队。其中客船包括普通客船、高速客船和客渡船;普通货船包括普通杂货船和散货船;危险品船包含油船、液化气船和化学品船,其他装有危险品但非上述三种船型的船舶不作为危险品船处理;当推轮或拖轮推、拖驳船艘数大于等于1艘时称为船队。非营运船舶又分为渔船、工程船和公务船。营运船舶和非营运船舶以外的船舶归为其他船舶。

(3) 按航向为上水和下水进行分组。

(4) 按航道为内河支线、内河干线和沿海进行分组。

(5) 按船舶大小进行分组。机动船舶大小按船舶总长进行划分;船队船舶按船队总长进行划分。

13. 日均船舶流量

指报告期内指定观测断面平均每日通过的船舶艘数。单位:艘次。

计算方法:

(1) 借助实态观测获取船舶流量的计算方法。观测断面分时段日均标准船舶流量采用简单估计方法计算,即观测断面当月每个观测日对应时段标准船舶流量之和与当月观测天数之商。具体计算方法为:

$$\text{观测断面分时段日均标准自然船舶流量 } I_h = \left(\sum_{J=1}^{N}\sum_{K=1}^{5} \text{船舶艘数}_K \times \text{折算系数}_K\right) \div N$$

其中:h 为1,2,3,…,24;J 为1,2,3,…,N;N 为观测天数;K 为1,2,3,4,5。

对于干线航道,船长小于30 m,折算系数取0.3;船长30~50 m,折算系数取0.5;船长50~90 m,折算系数取1;船长90~180 m,折算系数取2;船长大于180 m,折算系数取3.5。对于支线航道,船长小于15 m,折算系数取0.25;船长15~30 m,折算系数取0.3;船长30~50 m,折算系数取0.5;船长50~90 m,折算系数取1;船长大于90 m,折算系数取1.5。

(2) 借助船闸行政记录获取船舶流量的计算方法。当月通过船闸的标准船舶流量计算方法为:当月每日通过船闸的标准船舶艘数之和。

$$\text{观测断面分时段日均标准自然船舶流量 } I_h = \sum_{K=1}^{5} \text{船舶艘数}_K \times \text{折算系数}_K$$

其中:h,K 同前述。

统计分组：可参照船舶流量的分组。

14. 船舶密度

指报告期内某一瞬时单位面积水域内的船舶艘数。单位：艘。

统计分组：按观测水域分组。

15. 观测断面数量

指报告期内用于观察船舶通行状况的断面数量。单位：个。

一般按以下方式统计分组：

(1) 按断面观察方式分为连续式观测断面和间隙式观测断面。

(2) 按断面所处航道分内干线水上交通情况调查断面、内支线水上交通情况调查断面和沿海水上交通情况调查断面。

(3) 按观测断面时段进行分组。

(4) 按管理部门类型进行分组。

16. 平均使用船舶数

指报告期内水运企业平均每天在用的船舶数量。单位：t(客位，TEU，车位，kW)。

计算公式：$平均使用船舶数=\dfrac{船舶总时间}{日历天数}$

对于冬季航道封冻，不能全年通航的北方地区，船舶总时间要扣除封冻不通航时间。

计算公式：$平均使用船舶数=\dfrac{船舶总时间}{平均通航期}$

统计分组：按船舶类型分类。

17. 船舶功率

指报告期末所拥有船舶主机的额定功率数。单位：kW。

18. 船舶总时间

指报告期内水路运输船舶已完成航次的全部时间，包括营运时间和非营运时间。单位：t(客位，TEU，车位，kW)天。

计算方法：航次时间的计算，自上一航次最终目的港卸空所载货物、下空旅客时起至本航次最终目的港卸空所载货物、下空旅客时止为一个航次时间。

计算公式：$船舶总时间=\sum(船舶定额载质量\times该船舶日历时间)$

19. 船舶营运时间

指报告期内船舶总时间中，技术状况完好可以从事客、货运输工作的时间。

单位：t(客位，TEU，车位，kW)天。

计算方法：营运时间包括航行时间、停泊时间和其他工作时间。

计算公式：船舶营运时间＝$\sum$(每艘船舶定额载质量×该船舶营运时间)

20. 船舶航行时间

指报告期内船舶实际航行的时间。即船舶自起运港离开码头泊位、锚地或浮筒，解掉最后一根缆绳或起好船锚时，至到达港靠好码头泊位、锚地或浮筒，系妥第一根缆绳或抛下第一个船锚时止，为船舶的航行时间。单位：t(客位，TEU，车位，kW)天。

计算公式：船舶航行时间＝$\sum$(每艘船舶定额载质量×该船舶航行时间)

统计分组：船舶航行时间可分为重载航行时间和空载航行时间。

21. 船舶非营运时间

指报告期内船舶因技术状况不良，进行修理、待修及其他不能从事运输生产的时间。单位：t(客位，TEU，车位，kW)天。

计算方法：

(1) 非营运时间包括船舶修理时间、船舶等待修理时间、船舶等待报废时间、船舶航次以外进行检修和洗刷锅炉时间以及专为修船进出船厂的航行时间。

(2) 船舶修理时间指船舶在总时间中进行修理、厂外待修、进出船厂的短航时间及其他不能参加营运的时间。

① 修理时间是船舶进行大、中、小修理，事故修理，机务修理和洗炉修理的时间。船舶修理时间的计算，是自运输企业与修船企业双方交接船时算起，至船舶修理完毕企业双方交接船时为止。

② 厂外待修时间是船舶修理时间已到，同时又是航次结束，但企业双方签署交船未妥，因而在船厂外等待修理的时间。其等待时间的计算应自船舶航次结束时算起，至修船企业接船时为止。

③ 进船厂的短航时间是船舶为修理而进厂或出厂的无载货航行的短距离航行时间。

④ 其他不能参加营运的时间，包括航次外的检修时间、洗刷锅炉时间(若利用航次间隙工作应算营运时间)以及待报废时间等。

计算公式：船舶非营运时间＝$\sum$(每艘船舶定额载质量×该船舶不能营运时间)

22. 总航程载质量

指报告期内每艘在用船舶在运输过程中总航行里程与定额载质量的乘积之和。一般可分为船舶营运航程载质量和船舶非营运航程载质量。单位：t(客位,TEU,车位,kW)·km。

计算公式：总航程载质量＝$\sum$(每艘船舶定额载质量×该船舶总航行里程)

23. 重载航程载质量

指报告期内每艘在用船舶在运输过程中重载航行里程与定额载质量的乘积之和。单位：t(客位,TEU,车位,kW)·km。

计算公式：重载航程载质量＝$\sum$(每艘船舶定额载质量×该船舶重载里程)

24. 船舶营运率

指报告期内船舶营运时间占船舶总时间的比重。单位：%。

计算公式：$船舶营运率(\%)=\frac{船舶营运时间}{船舶总时间}\times100\%$

25. 船舶航行率

指报告期内船舶航行时间占营运时间的比重。单位：%。

计算公式：$船舶航行率(\%)=\frac{船舶航行时间}{船舶营运时间}\times100\%$

26. 平均航行速度

指报告期内在用船舶平均航行一天所行驶的里程数。单位：n mile/天。

计算公式：$平均航行速度(\text{n mile}/天)=\frac{船舶总航程}{船舶航行时间}$

27. 航程利用率

指报告期内船舶重载航行里程占总航行里程的比重。单位：%。

计算公式：$航程利用率(\%)=\frac{重载航行里程}{总航行里程}\times100\%$

28. 载重量利用率

指报告期内货物运输船舶完成的换算周转量与其重载航程载质量的比值。单位：%。

计算公式：$载重量利用率(\%)=\frac{货物换算周转量}{重载航程载质量}\times100\%$

29. 作业船舶舱位利用率

指报告期内作业船舶装卸作业吨(箱)数与其定额吨(箱)数之比。它综合反映船舶负载能力的平均利用情况。单位:%。

计算公式:$船舶舱位利用率(\%)=\frac{装卸货物作业吨(箱)数}{定额吨(箱)数}\times 100\%$

30. 载客量利用率

指报告期内旅客运输船舶完成的换算周转量与其重载航程载质量的比值。单位:%。

计算公式:$载重量利用率(\%)=\frac{旅客换算周转量}{重载航程载质量}\times 100\%$

31. 箱位利用率

指报告期内集装箱船舶完成的集装箱周转量与其重载航程载质量的比值。单位:%。

计算公式:$箱位利用率(\%)=\frac{集装箱周转量}{重载航程载质量}\times 100\%$

32. 平均每吨位(客位,TEU,车位,kW)船生产量

指报告期内船舶平均每吨位(客位,TEU,车位,kW)完成的换算周转量。单位:t(人)·km/吨位(客位,TEU,车位,kW)。

计算公式:$船舶每吨位(客位,TEU,车位,kW)船生产量=\frac{换算周转量}{平均使用船舶数}$

33. 平均每营运吨位(客位,TEU,车位,kW)天生产量

指报告期内船舶在营运期间,平均每天每吨位(客位,TEU,车位,kW)完成的换算周转量,亦称为总生产率。单位:t(人)·km/吨位(客位,TEU,车位,kW)天。

计算公式:$平均每营运吨位(客位,TEU,车位,kW)天生产量=\frac{换算周转量}{船舶营运时间}$

34. 班轮准班率

指报告期内班轮运输按规定时间抵达港口的航次数占总航次数的比重。单位:%。

计算公式:$班轮准班率(\%)=\frac{准班航次数}{总航次数}\times 100\%$

35. 平均航次周转期

指船舶完成一个航次平均所需要的时间。单位:天/次。

计算公式：$平均航次周转期(天/次)=\frac{营运吨位(客位、hp)天数}{船舶吨位(客位、hp)次数}$

第三节　船舶运输生产

水路运输量统计原则：①按运输工具经营权统计；②按到达量统计，即在报告期内已运达目的港并卸(下)完的货物(旅客)，才可统计为该报告期的运输量；③货物按实际重量、旅客按实际人数统计；④按运输单据记载的运送距离统计。

一、货运

1. 货运量

指报告期内船舶实际运送的货物重量。单位：万 t。

一般按以下方式统计分组：

(1) 按船舶经营者的经济性质分组。

(2) 按运送的货物种类分组。

(3) 按船舶航行区域分组，分为国际货运、沿海货运和内河货运。

(4) 按运载货物的贸易性质分组。

(5) 按不同运输工具分为集装箱船、干散货船、液体散货船、滚装船等。

2. 集装箱货运量

指报告期内船舶实际运送集装箱的数量。

计算方法：

(1) 按集装箱的实际箱数计算。单位：箱。

(2) 按折合为 20 英尺集装箱的数量计算。单位：TEU。

一般按以下方式统计分组：

(1) 按集装箱是否装载货物分为重箱和空箱。重箱是指装有货物的集装箱；空箱是指未装有货物的集装箱。

(2) 按船舶航行区域分组。

(3) 按集装箱外部尺寸分为 40 英尺箱运量、35 英尺箱运量、20 英尺箱运量、10 英尺箱运量等。

(4) 按集装箱装载货物的贸易性质分组。

(5) 按集装箱类别分组。

3. 进出中国港口集装箱运量

指报告期内从事中国港口集装箱运输所承运的集装箱重箱运量。单位：TEU。

4. 滚装车辆货运量

指报告期内滚装船舶运送车辆的重量。

计算方法：

(1) 按滚装车辆的重量计算，包括车辆自重及车辆装载货物重量。单位：万 t。

(2) 在滚装汽车的实际重量无法取得的情况下，按滚装车辆的体积吨计算。单位：万 t。

5. 城市轮渡货运量

指报告期内从事城市轮渡所运送的货物重量。单位：万 t。

6. 人力货车轮渡运量

指报告期内通过人力货车轮渡所完成的货物的运送量。单位：万 t。

7. 货物周转量

指报告期内船舶实际运送的每批货物重量与该批货物运送距离乘积之和。单位：t • km。

计算公式：货物周转量(t • km)＝$\sum$(每批货物重量×该批货物的运输距离)

统计分组：同货运量分组。

8. 集装箱货物周转量

指报告期内船舶运送每个集装箱货运量与该箱实际运送距离乘积之和。单位：t • km。

统计分组：同集装箱货运量分组。

9. 滚装车辆货物周转量

指报告期内滚装船舶运送每批车辆与该批车辆运送距离乘积之和。单位：t • km。

计算方法：

(1) 每批滚装车辆的自重及所载货物重量与其运送距离的乘积之和。

(2) 每批滚装车辆的体积吨与其运送距离的乘积之和。

10. 滚装车辆数

指报告期内滚装船舶运送车辆的实际数量。单位：辆。

11. 换算周转量

指报告期内运输船舶完成的客、货周转量按照一定的换算系数得到的换算周转量。单位：t·km(n mile)。

12. 货物平均运距

指报告期内船舶运送货物的平均距离。计算单位：km(n mile)。

计算公式：$货物平均运距(km(n\ mile))=\frac{货物周转量}{货运量}$

二、客运

1. 客运量

指报告期内船舶实际运送的旅客数量。单位：人。

一般按以下方式统计分组：

(1) 按船舶航行区域分组，分为国际客运、沿海客运和内河客运。

(2) 按船舶经营者的经济类型分组。

(3) 按船舶类型分组。

2. 出入境客运量

指报告期内乘坐船舶通过边境口岸实际进入或离开我国国境的旅客数量。单位：人。

统计分组：按船舶类型分为国际渡轮和国际邮轮。

3. 沿海客运量

指报告期内乘坐船舶实际运送省际和岛屿往返旅客数量。单位：人。

统计分组：按航线分为三岛旅客和省际旅客。

4. 内河客运量

指报告期内船舶在内河实际运送的旅客数量。单位：人。

统计分组：按轮渡的目的分为对江轮渡、水上游览。

5. 城市轮渡日均客运量

指报告期内城市轮渡平均一天所完成的运送客人的数量。单位：人。

6. 客渡机动车运量

指报告期内从事机动车轮渡的数量。单位：辆。

7. 旅客周转量

指报告期内船舶实际运送的每位旅客与该旅客运送距离的乘积之和。单位：人·km。

计算公式：旅客周转量(人·km)= $\sum$(运送的每位旅客×该旅客运送距离)

统计分组：可参照客运量的分组。

8. 旅客平均运距

指报告期内船舶运送旅客的平均距离。单位：km(n mile)。

计算公式：旅客平均运距(km(n mile))= $\dfrac{\text{旅客周转量}}{\text{货运量}}$

9. 营运航线数量

指报告期末从事船舶客运活动的航线数量。单位：条。

统计分组：按运输区域分为国际航线、沿海航线和内河航线。

10. 营运航线里程

指报告期末已开通水路客运营运航线的线路总里程。单位：km。

统计分组：可参照营运航线的分组。

第四节 船舶运输企业

1. 水路货运企业数量

指报告期末从事水路货运活动的企业实际数量。单位：个。

一般按以下方式统计分组：

(1) 按业户经营规模分组。

(2) 按业户经济类型分组。

(3) 按运输货物类型分为普通货物和液货危险品运输。

2. 水路客运企业数量

指报告期末从事水路客运活动的企业实际数量。单位：个。

一般按以下方式统计分组：

(1) 按业户经营规模分组。

(2) 按业户经济类型分组。

(3) 按客运类型分为普通客运、客滚船运输和高速客运。

3. 货运从业人数

指报告期末从事水路货运活动的人员数量。单位：人。

统计分组：按运输货物类型分为普通货物运输和液货危险品运输。

4. 客运从业人数

指报告期末从事水路客运活动的人员数量。单位：人。

统计分组：按客运类型分为普通客运、客滚船运输和高速客运。

5. 船舶运输企业营业收入

指报告期内从事船舶运输经营活动获得的收入。单位：万元。

统计分组：按运输性质分为客运企业和货运企业。

6. 货运企业营业收入

指报告期内从事货运营业活动所获得的收入。单位：万元。

一般按以下方式统计分组：

(1) 按航行区域分组。

(2) 按企业的经营性质分组。

7. 集装箱运费收入

指报告期内从事集装箱运输所获得的收入。单位：万元。

8. 进出中国港口集装箱运费收入

指报告期内从事进出中国港口的集装箱运输的运费收入。单位：万元。

9. 客运企业营业收入

指报告期内从事客运营业活动所获得的收入。单位：万元。

一般按以下方式统计分组：

(1) 按航行区域分组。

(2) 按企业的经营性质分组。

10. 城市轮渡营业收入

指报告期内从事城市轮渡所获得的营业收入。单位：万元。

11. 订舱费

指报告期内船舶运输企业收取的订舱费。单位：万元。

12. 码头作业费(THC)

指报告期内船公司在装货港向发货人收取的海运运费之外的附加费用。单位：万元。

13. 打单费

指报告期内船公司或船代在货主提箱时打印设备交接单所收取的费用。单位：万元。

14. 封子费

指报告期内船公司提供集装箱封子所收取的费用。单位：万元。

15. 滞期费

指报告期内集装箱使用者超过规定时限仍未归还集装箱而支付给集装箱拥有者的费用。单位：万元。

第五节　船舶质量和安全

一、运输质量

统计范围与原则：①在旅客运输过程中，由于服务工作和船舶设施等原因发生的旅客伤亡、行包损毁和旅客食物中毒等责任事故；②在货物承运过程中，货物发生损坏(包括破损、湿损、污损、腐损等)、灭失(包括部分和全部灭失)和数量的差错；③因货物爆炸、火灾、泄毒等责任事故造成的人身伤亡；④水上运输质量事故，不论是否处理完毕，均纳入统计。

1. 客运质量事故件数

指报告期内水路运输中由于承运部门的责任造成客运事故的实际件数。单位：件。

计算方法：凡经水运单位运送的旅客，自旅客进入码头时起到旅客离开码头时止，在此期间所发生的客运质量事故均应计算。

统计分组：客运质量事故按损失程度可分为一般事故、大事故和重大事故。

2. 货运质量事故件数

指报告期内水路运输中由于承运部门的责任造成的货损、货差等货运质量事故的实际件数。单位：件。

计算方法：

(1) 货运质量事故指在货物运输过程中，发生运送货物件数短少、重量短少、湿损、破损、污损、腐损、海损、落水、票货分离和其他情况的事故。

(2) 事故案件数以运单为依据，凡一张运单上的货物，不论发生几次事故及其损失的大小，均作一件统计。若一个案件中，既有货损事故，又有货差事故，或涉及几种不同等级的事故时，其件数应计在损失最大的事故项目内。

一般按以下方式统计分组：

(1) 按货物损失程度分为小事故、一般事故、大事故和重大事故。

(2) 按事故性质分为货损事故和货差事故。货损事故指运送货物的质量受到损坏的事故。货差事故指运送货物的数量发生差错的事故，包括件数溢短、重量短缺等。

(3) 按事故发生的情况分为件数短少、重量短少、湿损、破损、污损、其他事故。

3. 货损量

指报告期内货物运输中出现运输货物损坏或丢失的货物实际数量。单位：万 t。

货损事故主要包括火灾、被盗、丢失、损坏、货物腐坏、货物被污染和货物湿损等。内有小包装的件装货物按小包装损坏的实际重量计算。整件不可分割的货物损坏按整件货物实际重量计算。

4. 货损率

指报告期内发生的货损量与货运量的比率。单位：%。

计算公式：$货损率(\%)=\frac{货损量}{货运量}\times 100\%$

5. 货差量

指报告期内货物运输中出现货差的货物实际数量。单位：万 t。

计算方法：

(1) 件装货物按短少数量的实际重量计算。

(2) 散装货物按亏载的实际重量计算。

6. 货差率

指报告期内发生的货差量与货运量的比率。单位：%。

计算公式：$货差率(\%)=\frac{货差量}{货运量}\times 100\%$

7. 货运质量事故赔偿率

指报告期内货运事故实际赔偿费用与货运总收入的比值。单位：‰。

计算公式：$货物质量事故赔偿率(‰)=\frac{货运质量事故实际赔偿金额}{货运总收入}\times 1\,000‰$

8. 运输质量事故直接经济损失

指报告期内由于水路运输质量事故导致的直接经济损失金额。单位：

万元。

统计分组：按运输对象分为客运质量事故和货运质量事故。

9. 运输质量事故受伤人数

指报告期内水路运输中由于承运部门的责任造成人员受伤的实际人数。单位：人。

统计分组：按运输对象分为客运质量事故和货运质量事故。

10. 运输质量事故死亡人数

指报告期内水路运输中由于承运部门的责任造成人员死亡的实际人数。单位：人。

统计分组：按运输对象分为客运质量事故和货运质量事故。

二、运输安全

统计范围：凡船舶、排筏、水上飞机、潜水器和移动式平台在海上、内河、水库、港区等一切通航水域发生的碰撞、搁浅、触礁、触损、浪损、风灾、火灾、爆炸、自沉及其他，造成人身伤亡或财产损失的交通事故，不论是否处理完毕，均纳入统计范围。但不包括船舶污染事故(非因交通事故引起)、船员工伤、船员或旅客失足落水以及船员、旅客自杀或他杀事故。

1. 事故件数

指报告期内船舶发生水上交通事故的数量。单位：件。

计算方法：

(1) 船舶无论一次碰撞、浪损事故涉及几艘当事船舶，均按一件事故计算。

(2) 船舶发生风灾事故，按一船一件事故计算。

(3) 船舶沉没或推定全损，均作为沉船计算。

(4) 船舶触损事故，船舶本身受损和造成岸壁、码头、航标、桥墩、钻井平台等水上、水下建筑物损失，均作为触损事故件数计算。

一般按以下方式统计分组：

(1) 按事故发生的情况划分为碰撞事故、搁浅事故、触礁事故等。

(2) 按事故性质划分为责任事故和非责任事故。

(3) 按事故损失的程度划分为小事故、一般事故、大事故和重大事故。

2. 受伤人数

指报告期内由于船舶水上交通事故造成人员受伤的实际人数。单位：人。

统计分组：受伤人数一般可分为轻伤人数和重伤人数。

3. 死亡人数

指报告期内由于船舶水上交通事故造成人员死亡的实际人数。包括事故发生当时和 7 日内的死亡人数。单位：人。

4. 船舶沉没数量

指报告期内由于船舶水上交通事故导致沉没的船舶数量。单位：艘(总吨，kW)。

5. 船舶全损数

指报告期内由于船舶水上交通事故导致全损的船舶数量。包括船舶实际全损和推定全损。单位：艘(总吨，kW)。

6. 直接经济损失

指报告期内由于水上交通事故导致船舶沉没、货物损失，人员伤亡、救助费用以及营运等方面的直接经济损失数。单位：元。

计算方法：直接经济损失包括船舶修理费、货物赔偿费、人身伤亡抚恤赔偿费以及施救、处理、勘察费等。已保险的船舶发生的水上交通事故，计算直接经济损失时，应包括保险公司赔付的部分。

7. 每总吨直接经济损失

指报告期内船舶发生一般及以上的水上交通事故直接经济损失与其总吨位的比值。单位：元/吨位。

计算公式：每总吨直接经济损失(元/吨位)＝

$$\frac{\text{一般及以上事故直接经济损失}}{\text{营运船舶总吨位}}$$

8. 每千吨公里直接经济损失

指报告期内船舶发生的一般及以上的水上交通事故直接经济损失与换算周转量的比值。单位：元/(kt・km)。

计算公式：每总吨公里直接经济损失(元/(kt・km))＝

$$\frac{\text{一般及以上事故直接经济损失}}{\text{换算周转量}}$$

9. 船舶安全面

指报告期内安全无事故(包括无事故及发生小事故)的船舶艘次数与平均每天拥有的船舶艘数的比重。单位：%。

计算公式：$\text{船舶安全面}(\%)=1-\frac{\text{发生事故船舶艘次数}}{\text{平均每天拥有的船舶艘数}}\times 100\%$

三、船舶机损事故

1. 事故件数

指报告期内机动船舶的机器设备(除通信导航设备外)发生损坏并造成一定的经济损失或人员伤亡事故数量。单位：件。

计算方法：船舶机损事故一般不包括非机动船的机电设备损坏事故，推进螺旋桨及舵系损坏事故；机电设备虽发生损坏、但其直接经济损失未达到事故标准的损坏事故。

一般按以下方式统计分组：

(1) 按事故性质可分为责任事故和非责任事故。其中责任事故又可分为船员责任事故和非船员责任事故。非责任事故又可分为自然损坏和其他事故。

(2) 按事故直接经济损失及人身伤亡情况可分为一般事故、大事故和重大事故。

2. 直接经济损失

指报告期内由于船舶机损事故导致的直接经济损失数。单位：元。

统计范围：船舶机损事故直接经济损失包括①修复被损坏的机电设备所需的修理费、备件费等；②因机损事故而导致的船舶检验费、灌水检查费、打捞费、拖带费(施救费)、清舱除气费、洗炉费、事故处理费等；③因机损导致海损引起的一切费用。

3. 受伤人数

指报告期内由于船舶机损事故造成人员受伤的实际人数。单位：人。

统计分组：受伤人数一般可分为轻伤人数和重伤人数。

4. 死亡人数

指报告期内由于船舶机损事故造成人员死亡的实际人数。包括事故发生当时或7日以内的死亡人数。单位：人。

5. 机损事故发生率

指报告期内船舶发生一般及以上机损事故的次数与船舶艘数的比值。单位：次/艘。

$$\text{计算公式：机损事故发生率(次/艘)}=\frac{\text{发生一般及以上机损事故的次数}}{\text{机动船舶艘次}}$$

第六节　船舶能耗

1. 船舶能源消耗量

指报告期内船舶实际消耗的能源数量。单位：万 t。

一般按以下方式统计分组：

(1) 按船舶营运时间分为航行消耗、停泊消耗、作业消耗及其他消耗。

(2) 按船舶燃料种类分为汽油消耗、柴油消耗、煤炭消耗、燃料油消耗和电力消耗等。

(3) 还可参照船舶实有数的分组。

2. 船舶平均千瓦小时燃料消耗量

指报告期内船舶每营运(航行)1 kW·h 的燃料消耗数量。单位：kg/(kW·h)。

计算公式：船舶平均千瓦小时燃料消耗量(kg/(kW·h))＝

$$\frac{\text{船舶燃料消耗量}}{\text{船舶营运(航行)千瓦小时数}}$$

3. 船舶平均换算周转量燃料消耗量

指报告期内船舶平均每换算周转量的燃料消耗量。单位：kg/(kt·km)。

计算公式：船舶平均换算周转量燃料消耗量(kg/(kt·km))＝

$$\frac{\text{船舶燃料消耗量}}{\text{换算周转量}}$$

第七节　船舶环境保护

1. 港口船舶污染物接收处理设施数量

指报告期末到港船舶污染物、废弃物接收处理设施的总和，包括船舶污水处理场(船、站)，油轮洗舱站，船舶污水接收、处理船，垃圾接收处理场(船舶、车)，集装箱洗箱水处理站等。单位：个。

2. 船舶污染物接收船数量

指报告期内专门接收到港船舶油类污染物、生活污水、船舶垃圾、危化品废水的船舶数量。若接收船同时接收几种污染物，只能按 1 艘船计算。单位：艘。

3. 港口船舶污染物接收能力

指报告期末港口船舶污染物接收设施接收船舶油类污染物、生活污水、船舶垃圾、危化品废水等污染物、废弃物的设计接收能力。单位：万 t/年。

统计分组：按污染物类型分为油类污染物、生活污水、船舶垃圾和危化品废水等。

4. 港口船舶污染物处理能力

指报告期内港口船舶污染物处理设施处理船舶油类污染物、生活污水、船舶垃圾、危化品废水等污染物、废弃物的设计处理能力。单位：万 t/年。

统计分组：按污染物类型分为油类污染物、生活污水、船舶垃圾和危化品废水等。

5. 船舶污染物接收单位数量

指报告期末具有相应资质、在海事部门备案申请的、从事到港船舶污染物接收的单位。单位：个。

6. 船舶污染物、废弃物接收处理收费

指报告期内有关部门和单位接收、处理到港船舶污染物、废弃物所收取的费用。单位：万元。

统计分组：按污染物类型分为油类污染物、生活污水、船舶垃圾和危化品废水等进行分组。

7. 无法接收船舶污染物的艘次

指报告期内船舶到港后，因港口不具有足够的船舶污染物、废弃物的接收设施和接收能力，导致无法接收的艘次。单位：艘次。

8. 港口处理接收的船舶污染物(油污水、生活污水、垃圾、危化品废水)量

指报告期内已接收的到港船舶污染物在港口设置的污染物处理设施进行处理的，不包括运至其他处理设施处理的部分。单位：万 t。

统计分组：按污染物类型分为油类污染物、生活污水、船舶垃圾和危化品废水等。

第八节　船舶运输经济评价

1. 水路运输业对国内生产总值(GDP)贡献率

指报告期内一定区域内水路运输业增加值占该区域国内生产总值(GDP)的份额。单位：%。

计算公式：水路运输业对国内生产总值(GDP)贡献率(%)=

$$\frac{\text{水路运输业增加值}}{\text{该区域国内生产总值(GDP)}}\times 100\%$$

2. 水路运输业对国内生产总值(GDP)增长率的直接贡献

指报告期内水路运输业增加值的增量所引起的国内生产总值的增长率。单位：%。

计算公式：水路运输业对国内生产总值(GDP)增长率的直接贡献(%)＝

$$\frac{\text{报告期内水路运输业增加值}-\text{上个报告期内水路运输业增加值}}{\text{上个报告期内国内生产总值(GDP)}}\times 100\%$$

3. 全员劳动生产率

指反映报告期内水路运输业的生产效率和人均产出水平的综合指标。

计算方法：

(1) 以增加值进行。单位：万元/人。

计算公式：$\text{全员劳动生产率(元/人)}=\frac{\text{水路运输业增加值}}{\text{平均从业人数}}$

(2) 以换算周转量进行计算。单位：t·km/人。

计算公式：$\text{全员劳动生产率(t·km/人)}=\frac{\text{完成换算周转量}}{\text{平均从业人数}}$

4. 成本费用利润率

指反映报告期内水路运输业投入产出效率的综合指标。单位：%。

计算公式：$\text{成本费用利润率(\%)}=\frac{\text{利润总额}}{\text{成本费用总额}}\times 100\%$

其中：成本费用总额＝营业(销售)成本＋营业(销售)费用＋管理费用＋财务费用

5. 总资产报酬率

指反映报告期内水路运输业全部资产的获利能力，从而反映总体管理水平和经营业绩的综合指标。单位：%。

计算公式：$\text{总资产报酬率(\%)}=\frac{\text{利税总额和利息支出之和}}{\text{平均资产总额}}\times 100\%$

其中：平均资产总额为期初资产总额和期末资产总额的算术平均值。

6. 净资产报酬率

指反映报告期内水路运输业全部资本金的获利能力，从而反映总体管理水平和经营业绩的综合指标。单位：%。

计算公式：净资产报酬率(%)$=\frac{\text{利润总额}}{\text{平均所有者权益}}\times100\%$

其中：平均所有者权益为期初所有者权益合计和期末所有者权益合计的算术平均值。所有者权益是指水路运输企业实际拥有的资产总额中除去总负债后的余额。

7. 资产负债率

指反映报告期末水路运输业总体偿债能力和经营风险高低的综合指标。单位：%。

计算公式：资产负债率(%)$=\frac{\text{负债总额}}{\text{资产总额}}\times100\%$

8. 营运资金比率

指反映报告期末水路运输业总体偿债能力和利用负债从事经营活动能力的综合指标。单位：%。

计算公式：营运资金比率(%)=

$$\frac{\text{(报告期末流动资产总额－报告期末流动负债总额)}}{\text{报告期末流动资产总额}}\times100\%$$

9. 资本保值增值率

指反映报告期内水路运输业净资产的变动状况，从而反映发展后劲的综合指标。单位：%。

计算公式：资产保值增值率(%)$=\frac{\text{报告期末所有者权益总额}}{\text{报告期初所有者权益总额}}\times100\%$

10. 资产增加值率

指反映报告期内水路运输业单位平均资产所创造的增加值，是反映未来发展能力的综合指标。单位：%。

计算公式：资产增加值率(%)$=\frac{\text{增加值}}{\text{平均资产总额}}\times100\%$

其中：平均资产总额为期初资产总额和期末资产总额的算术平均值。

第八章 航运辅助业

第一节 船舶代理

1. 船舶代理企业数量

指报告期末根据船舶经营人的委托办理船舶有关营运业务和进、出港口手续的企业数量。单位：个。

统计分组：按企业类型分为中资企业、外资企业和港澳台企业。

2. 从业人数

指报告期末从事船舶代理经营活动的人员数量。单位：人。

3. 船舶代理费

指报告期内代理机构受托办理在港船舶代理业务所获得的收入。单位：万元。

4. 代理船舶艘次

指报告期内代理的船舶数量。单位：艘次。

统计分组：

(1) 按运输对象分为货运船、客运船和旅游船。

(2) 按货运船舶类型可分为干散货船、液体散货船、集装箱船和滚装船。

(3) 按船舶航线分为内贸船舶、外贸船舶和内支线船舶。

5. 代理船舶净吨位

指报告期内代理的船舶可以用来装载货物的容积折合成的吨位总量。单位：净吨位。

第二节 客货运代理

1. 货运代理企业数量

指报告期末从事货运代理经营活动的企业数量。单位：个。

统计分组：按航线分组为国际货运代理和国内货运代理。

2. 客运代理企业数量

指报告期末从事水路客运代理的企业数量。单位：个。

3. 货运代理从业人数

指报告期末从事货运代理经营活动的人员数量。单位：人。

统计分组：按航线分组为国际货运代理和国内货运代理。

4. 国际邮轮代理企业数

指报告期末从事国际邮轮代理业务经营活动的企业数量。单位：个。

5. 客运代理从业人数

指报告期末从事客运代理经营活动的人员数量。单位：人。

统计分组：按航线分组为国际客运代理和国内客运代理。

6. 货运代理费

指报告期末货运代理企业从事代理活动所获得的代理费。单位：万元。

统计分组：按航线分组为国际货运代理和国内货运代理。

7. 客运代理费

指报告期末客运代理企业从事代理活动所获得的代理费。单位：万元。

统计分组：按代理航线分组。

8. 邮轮代理费

指报告期末邮轮代理企业从事代理活动所获得的代理费。单位：万元。

统计分组：按代理航线分组。

9. 代理货物总量

指报告期末货运代理企业所代理的货物总量。单位：万 t 或 TEU。

统计分组：按航线分组为国际货运代理和国内货运代理。

10. 代理船票张数

指报告期内从事水路客运代理业务的企业代理出售船票的张数。单位：张。

11. 代理邮轮船票张数

指报告期内从事国际邮轮代理企业所代理的邮轮船票张数。单位：张。

12. 代理船票金额

指报告期内从事水路客运代理业务的企业代理出售船票的金额。单位：万元。

13. 代理邮轮船票金额

指报告期内从事水路客运代理业务的企业代理出售邮轮船票的金额。单位：万元。

第三节　无船承运

1. 企业数量

指报告期内具有无船承运资格并从事无船承运经营活动的企业数量。单位：个。

2. 从业人数

指报告期末具有无船承运资格并从事无船承运经营活动的人员数量。单位：人。

3. 营业收入

指报告期内无船承运企业从事无船承运经营活动所获取的营业收入。单位：万元。

4. 无船承运货运量

指报告期内无船承运人所完成的货运总量。单位：万 t，箱位。

第四节　船舶管理

1. 船舶管理公司数量

指报告期末从事船舶管理经营活动的企业数。单位：个。

2. 从业人数

指报告期末从事船舶管理经营活动的人员个数。单位：人。

3. 船舶管理公司营业收入

指报告期内船舶管理公司通过从事经营活动获得的收入。单位：万元。

4. 管理船舶量

指报告期末服务于船舶管理公司所管理的船舶数量。单位：艘、吨位、TEU。

一般按以下方式统计分组：

（1）按船舶的所有权分为代管船舶和自有船舶。

（2）按船舶的类型分为普通客船、化学品船、散货船、油船和其他货船。

(3) 按船籍港分为国内船舶和国际船舶。

5. 代管船舶量

指报告期末船舶管理公司代为管理的船舶数量。单位：艘、吨位、TEU。

统计分组：按船舶管理公司的经营资格分国际船舶管理代管船舶、国内船舶管理代管船舶和国际、国内船舶管理兼营代管船舶。

6. 自有船舶量

指报告期末船舶管理公司自有船舶的数量。单位：艘、吨位、TEU。

第五节 船舶供应

1. 船舶供应服务企业数量

指报告期内从事船舶供应服务营运活动的企业数量。单位：个。

统计分组：按船舶服务内容分为围油栏供应、船舶生活品供应、船员接送、船舶物料供应、船舶岸电供应、船舶淡水供应。

2. 从业人数

指报告期末从事船舶供应服务经营活动的人数。单位：人。

统计分组：按船舶服务内容分为围油栏供应、船舶生活品供应、船员接送、船舶物料供应、船舶岸电供应、船舶淡水供应。

3. 营业收入

指报告期内从事船舶供应服务经营活动获得的营业收入。单位：万元。

统计分组：按船舶供应企业的业务范围分组。

4. 邮轮船舶供应营业收入

指报告期内从事邮轮船舶供应经营活动所获得的营业收入。单位：万元。

第六节 集装箱管理

1. 集装箱场站个数

指报告期内集装箱场站的个数。单位：个。

2. 集装箱场站面积

指报告期末集装箱场站内部的总面积。单位：m^2。

3. 从业人数

指报告期内在集装箱场站从事经营活动的人员数。单位：人。

4. 集装箱场站营业收入

指报告期内在集装箱场站经营活动所获得的营业收入。单位：万元。

5. 拖运空箱费

指报告期内港外堆场依据船方的要求将空箱从港区运输至堆场产生或者从堆场运送至港区收取的费用。单位：万元。

6. 清洗费

指报告期内在港外堆场为客户清洗污箱收取的费用。单位：万元。

7. 堆存费

指报告期内在港外堆场为集装箱提供堆存保管服务的收费。单位：万元。

计算方法：自进入堆场之日起至提离堆场的当天止，扣除规定的堆存期后，堆场按实际堆存天数收取堆存费。

8. 货物堆存数量

指报告期内在集装箱场站中的集装箱所存储货物的实际数量。单位：TEU。

计算公式：货物堆存数量(TEU)＝
期初堆存货物数量＋本期入库(场)货物数量

9. 集装箱堆存箱天数

指报告期内集装箱场站中集装箱的堆存数量与其实际堆存天数乘积之和。单位：箱天。

计算公式：集装箱堆存箱天数(箱天)＝$\sum$ 货物堆存箱数×天数

10. 货物平均堆存期

指报告期内在集装箱场站中每 TEU 货物平均在仓库、堆场堆存的天数。单位：天。

$$\text{计算公式：货物平均堆存期(天)}=\frac{\text{货物堆存箱天数}}{\text{集装箱数量}}$$

11. 空箱平均堆存天数

指报告期内在集装箱场站中空箱在码头、场站累计堆存天数与空箱自然箱数的比值。单位：天。

$$\text{计算公式：空箱平均堆存天数(天)}=\frac{\text{空箱累计堆存天数}}{\text{空箱自然箱数}}$$

12. 重箱平均堆存天数

指报告期内在集装箱场站中重箱在码头、场站累计堆存天数与重箱自然箱数的比值。单位：天。

计算公式：$重箱平均堆存天数(天)=\frac{重箱累计堆存天数}{重箱自然箱数}$

13. 库场利用率

指报告期内集装箱场站中平均每天堆存货物数量与库场平均堆存能力的比值，反映集装箱场站的平均利用程度。单位：%。

计算公式：$库场利用率(\%)=\frac{平均堆存货物量}{平均堆存能力}\times100\%$

14. 重箱利用率

指报告期内出载重箱量的百分比。单位：%。

计算公式：$重箱利用率(\%)=\frac{\sum 重箱量\times重箱天数}{\sum 总箱量\times统计天数}\times100\%$

15. 营运重箱率

指报告期内在船舶上运输的重箱比例。单位：%。

计算公式：$营运重箱率(\%)=\frac{\sum 营运重箱量\times在船天数}{\sum 总箱量\times统计天数}\times100\%$

16. 空箱堆存率

指报告期内空箱堆存量和空箱堆存的比例。单位：%。

计算公式：$空箱堆存率(\%)=\frac{\sum 堆存空箱量\times堆存天数}{\sum 总箱量\times统计天数}\times100\%$

17. 空箱调运率

指报告期内空箱运量和总箱运量的比例。单位：%。

计算公式：$空箱调运率(\%)=\frac{空箱运量}{总箱运量}\times100\%$

18. 修箱量

指报告期内修理的集装箱数量。单位：UNIT。

19. 修箱率

指报告期内修理箱数和总箱运量百分比。单位：%。

计算公式：$修箱率(\%)=\frac{修理箱数}{总箱运量}\times100\%$

20. 平均修箱天数

指报告期内修理箱天数与修理箱量之比。单位：天。

$$计算公式：平均修箱天数(天)=\frac{\sum 修理箱量\times 修理天数}{\sum 修理箱量}$$

21. 平均修理费

指报告期内总修理费和总箱量之比。单位：元。

$$计算公式：平均修理费(元)=\frac{总修理费}{总箱量}$$

22. 平均租箱量

指报告期内平均每天的租箱量。单位：TEU。

$$计算公式：平均租箱量(TEU)=\frac{租箱量}{统计天数}$$

23. 租箱率

指报告期内平均租箱量占总箱量的百分比。单位：%。

$$计算公式：租箱率(\%)=\frac{平均租箱量}{总箱量}\times 100\%=\frac{平均租箱量}{(平均租箱量+自有箱量)}\times 100\%=\frac{\sum 租箱量\times 租箱天数/统计天数}{\sum((租箱量\times 租箱天数/统计天数)+自有箱量)}$$

24. 平均单箱载货量

指报告期平均每个集装箱载货的数量。单位：t。

$$计算公式：平均单箱载货量(t)=\frac{总货运量}{总箱量}$$

25. 配箱率

指报告期内拥有的箱量与船舶箱位的比例。单位：%。

$$计算公式：配箱率(\%)=\frac{总箱量-平均修理箱量}{平均载箱率\times 船舶总箱位}$$

26. 平均载箱率

指报告期内实载箱量占船舶箱位的比重，用以衡量拥有的总箱量是否合理。如配箱率大，则箱子积压，造成浪费；配箱率小，则用箱紧张，影响货载。单位：%。

计算公式：平均载箱率(%)$=\dfrac{\sum 实载箱量}{\sum 船舶箱位}\times 100\%$

27. PTI 业务量

指报告期内从事冷藏箱预检活动的数量。单位：UNIT。

28. 集装箱卡车数量

指报告期内集装箱管理公司的集装箱卡车数量。单位：辆。

29. 营运车次

指报告期内集装箱卡车营运次数。单位：车次。

30. 计费箱箱量

指报告期内集装箱卡车运载的集装箱计费箱箱量。单位：UNIT。

31. 集装箱车辆总里程数

指报告期内集装箱车辆行驶的里程数。单位：车公里。

32. 集装箱里程利用率

指报告期内载运行程占总行程的比例。单位：%。

计算公式：集装箱里程利用率(%)$=\dfrac{载运行程}{总里程}\times 100\%$

33. 集装箱车辆完好率

指报告期内完好的集装箱卡车数量占集装箱卡车数量的比例。单位：%。

计算公式：集装箱车辆完好率(%)$=\dfrac{完好的集装箱卡车数量}{集装箱卡车数量}\times 100\%$

34. 集装箱车辆工作率

指报告期内集装箱卡车营运数量占集装箱卡车数量的比例。单位：%。

计算公式：集装箱车辆工作率(%)$=\dfrac{集装箱卡车营运数量}{集装箱卡车数量}\times 100\%$

第七节　船舶修理

1. 船舶修理企业数

指报告期内从事船舶修理等经营活动的企业数量。单位：个。

2. 从业人数

指报告期末从事船舶修理等经营活动的人员数量。单位：人。

3. 修船营业收入

指报告期内船舶修理企业通过提供修船服务所获得的收入。单位：万元。

4. 修船创汇

指报告期内船舶修理企业通过提供修船服务所获得的外汇收入。单位：万元。

5. 改装船舶收入

指报告期末从事船舶改装活动所获得的收入。单位：万元。

6. 船舶送修数量

指报告期内实际送修的船舶数量。单位：艘次。

一般按以下方式统计分组：

(1) 按修理性质分为送修船舶和船员自修船舶。

(2) 按修理类别分为大修、小修、航修和基本恢复修理。

7. 船舶修竣数量

指报告期内实际修竣出厂的船舶数量。单位：艘次、t。

统计分组：同船舶送修数量分组。

8. 外轮修理数

指报告期内船舶修理企业所完成外轮修理的船舶数量。单位：艘。

9. 改装船舶数

指报告期内船舶修理企业所完成船舶改装数量。单位：艘。

10. 邮轮修理数量

指报告期内实际修竣的邮轮数量。单位：艘次。

统计分组：按修理类别分为大修、小修、航修和基本恢复修理。

11. 船舶修理总时间

指报告期内送修船舶自厂方受理时起，至船舶修竣出厂时止的日历天数。单位：艘天。

12. 船舶平均修理时间

指报告期内每艘修竣船舶的平均修理时间。单位：天。

计算公式：$船舶平均修理时间(天)=\frac{船舶修理总时间}{船舶修理数量}$

第八节 船员劳务

1. 船员劳务公司数量

指报告期内从事代理船员办理申请培训、考试、申领证书等相关手续，代理船员用人单位管理船员事务，为船舶供应配员等相关活动的企业数量。单位：个。

2. 从业人数

指报告期末从事船员劳务代理活动的人员数量。单位：人。

3. 船员劳务公司营业收入

指报告期内船员劳务公司从事经营活动的营业收入。单位：万元。

4. 船员人数

指报告期末注册的船员人数。单位：人。

一般按以下方式统计分组：

(1) 按船员所在企业的性质分为劳务外派公司、外资航运公司、国内国有航运公司和其他公司。

(2) 按船员等级分为管理级、操作级和支持级。

5. 外派船员人数

指报告期内国内船公司将船员派到国外船舶的人数。单位：人。

6. 邮轮船员外派人数

指报告期内船公司外派到邮轮上的数量。单位：人。

第九节 船舶检验

1. 船舶检验机构数量

指报告期内船舶检验机构的数量。单位：个。

2. 从业人数

指报告期内船舶检验机构从事船舶检验活动的人数。单位：人。

3. 验船师人数

指报告期内具有验船资格证书从事验船工作的人员数量。单位：人。

4. 船舶检验收入

指船舶检验机构从事船舶检验活动所获得收入。单位：万元。

5. 船舶检验量

指报告期内验船机构对船舶进行的技术监督检验量。单位：艘次。

统计分组：按船舶航线分为国际航行船舶和国内航行船舶。

6. 新造船审图

指报告期内验船机构从事的新造船审图工作量。单位：艘次、万 t。

7. 新造船检验

指报告期内验船机构对新造船进行检验的数量。单位：艘次、万 t。

8. 营运船检验

指报告期内验船机构对营运状态的船舶进行检验的数量。单位：艘次、万 t。

9. 船舶 ISM/ISPS 审核

指报告期内验船机构对船舶进行 ISM/ISPS 审核的数量。单位：艘次。

10. NSM 审核

指报告期内验船机构对船舶进行 NSM 审核的数量。单位：艘次。

11. 入级营运船舶检验

指报告期内对需要取得船级的船舶，验船机构按照《海船入级规则》的规定所进行检验的数量。单位：艘次。

统计分组：船舶入级检验分为建造入级检验和初次入级检验。

12. 船舶年检艘次

指报告期内所进行的船舶年度检查的数量。单位：艘次。

13. 船舶中间检验次数

指报告期内对所有的船舶在年检前后三个月内进行的检验。单位：艘次。

14. 特别检验

指报告期内对船舶进行的彻底解体、检查与试验的数量。单位：艘次。

15. 坞内检验

指报告期内船舶所接受的坞内检验或上排检验的数量。单位：艘次。

16. 螺旋桨轴和尾管轴检验

指报告期内装有认可的油封装置或轴用认可的耐腐蚀材料制造的轴检验的数量。单位：个。

17. 锅炉和热油加热器检验

指报告期内对船舶的锅炉和热油加热器进行检验的数量。单位：个。

第十节 船舶登记

1. 船舶登记机关数量

指报告期内经中华人民共和国海事局公布的具体实施船舶登记的海事管理机构的数量。单位：个。

2. 船舶登记从业人数

指报告期内从事船舶登记工作的人数。单位：人。

3. 船舶登记人员数量

指报告期内具有船舶登记资格从事船舶登记工作的人数。包括船舶登记初审人员、复审人员和审批人员。单位：人。

4. 船舶登记收入

指报告期内船舶登记机关从事船舶登记工作获得的收入。单位：万元。

5. 船舶登记量

指报告期内船舶登记机关所办理的各类船舶登记业务的总量。包括运输船舶、工程船舶和辅助船舶，不包括渔船和军用船舶。单位：艘次、吨位。

一般按以下方式统计分组：

(1) 按船舶所有者的经济性质分组。

(2) 按船舶航行的不同航区分组。

(3) 按船舶船体材质分组。

(4) 按船舶动力分组。

(5) 按船舶的用途分组。

(6) 按船舶技术状况分组。

(7) 按船舶的船籍国别分组。

(8) 按船舶的船龄分组。

(9) 按船舶的登记总吨分组。

6. 保税船舶登记数量

指报告期内船舶登记机构为注册在保税港区的企业所拥有的从事国际航运业务的保税船舶办理船舶登记业务的数量。单位：艘次。

7. 船舶抵押权登记数量

指报告期内船舶登记机关办理的船舶抵押登记手续数量。单位：艘次。

8. 船舶光船租赁登记数量

指报告期内船舶登记机关办理的光船出租登记手续数量。单位：艘次。

9. 船舶国籍登记数量

指报告期内船舶所有人在船舶登记机关办理船舶国籍登记数量。单位：艘次。

10. 船舶注册登记数量

指报告期内船舶所有人在船舶登记机关办理船舶注册登记数量。单位：艘次。

统计分组：按船舶航线分为免税登记船舶、国际航运船舶、国内沿海船舶和内河船舶。

11. 船舶变更登记数量

指报告期内船舶在营运过程中发生登记项目变更时在船舶登记机关办理的登记数量。单位：艘次。

12. 船舶注销登记数量

指报告期内船舶登记机关办理的注销手续数量。单位：艘次。

统计分组：按注销登记类型分为报失登记、失踪登记、报废登记和撤销登记。

第十一节　水上救捞

一、水上救助

1. 水上救助单位数量

指报告期内水上救助活动单位的数量。单位：个。

2. 从业人数

指报告期内从事水上救助经营活动的人数。单位：人。

3. 获救金额

指报告期内获救的财产价值。单位：万元。

4. 救助船数量

指报告期内水上救捞单位所拥有的救助船数量。单位：艘。

5. 救助直升机数量

指报告期内水上救捞单位所拥有的水上救捞直升机的数量。单位：架。

6. 遇险报警数

指报告期内收到在海上、内河遇险或可能遇险的报警次数。单位：次。

统计分组：分为真报警和误报警。

7. 搜救活动数量

指报告期内组织对海上、内河遇险人员和船舶进行搜救活动的实际数量。单位：次。

8. 搜救总艘次(架次)

指报告期内搜救活动中出动实施救助船(艇)、航空器等的实际数量。单位：艘次(架次)。

统计分组：一般按搜救工具所属单位分组。

9. 有效救助次数

指报告期内接到命令后,船舶或航空器出动进行现场实际施救并获得成功的次数。单位：次。

一般按以下方式统计分组：

(1) 按救助对象可分为有效救船和有效救生。

(2) 按救助对象的国籍可分为有效救助国内事件和有效救助国外事件。

10. 遇险人员数

指报告期内搜救活动中所涉及的遇险人员的实际数量。单位：人。

统计分组：一般按遇险人员的国籍分组。

11. 获救人员数

指报告期内遇险人员数中,经救助后获救的实际人员数量。单位：人。

统计分组：可参照遇险人员数的分组。

12. 死亡及失踪人员数

指报告期内遇险人员数中,经救助后仍死亡或失踪的实际人员数量。单位：人。

统计分组：可参照遇险人员数的分组。

13. 搜救成功率

指报告期内获救遇险人员数占遇险人员数的比重。单位：%。

计算公式：$\text{搜救成功率}(\%)=\dfrac{\text{获救人员数}}{\text{遇险人员数}}\times 100\%$

14. 遇险船舶数

指报告期内搜救活动中所涉及的遇险船舶的实际数量。单位：艘。

统计分组：一般按遇险船舶的船籍分组。

15. 获救船舶数

指报告期内遇险船舶数中，经救助后获救的实际船舶数量。单位：艘。

统计分组：一般按遇险船舶的船籍分组。

16. 翻沉船舶数

指报告期内遇险船舶数中，经救助后仍翻沉的实际船舶数量。单位：艘。

统计分组：一般按遇险船舶的船籍分组。

二、水上打捞

1. 企业数量

指报告期内水上打捞活动单位的数量。单位：个。

2. 从业人数

指报告期内从事水上打捞经营活动的人数。单位：人。

3. 打捞总次数

指报告期内进行打捞工程作业的次数。单位：次。

4. 有效打捞次数

指报告期内进行打捞工程作业，打捞到沉船、沉物的次数。单位：次。

5. 打捞沉船数

指报告期内实际打捞起沉船的数量。单位：艘。

6. 打捞沉船吨位

指报告期内实际打捞起沉船的总吨位。单位：吨位。

7. 打捞货物件数

指报告期内实际打捞起沉没货物的数量。单位：件。

8. 打捞遇险人员遗体

指报告期内实际打捞的遇险人员遗体的数量。单位：具。

第九章　航运衍生业

第一节　船舶租赁

1. 企业数量

指报告期内从事船舶租赁业务经营活动的企业数量。单位：个。

2. 单船 SPV 数量

指报告期内为融资租赁公司就单船注册一家独立的 SPV 项目公司数。单位：个。

3. SPV 租赁规模

指报告期内 SPV 所完成的融资租赁额。单位：万元。

4. 船舶租赁营业收入

指报告期内从事船舶租赁经营活动获得的营业收入。单位：万元。

5. 从业人数

指报告期内从事船舶租赁的人数。单位：人。

6. 船舶租赁量

指报告期内具有船舶租赁经营资格的企业所租赁的船舶的数量。单位：艘、吨位、马力。

一般按以下方式统计分组：

(1) 按租赁的船舶类型可分为集装箱船、干散货船、滚装船、液体散货船。

(2) 按租赁的形式可分为经营租赁、融资租赁及其他租赁形式。

(3) 按船舶租赁的交易形式分为光租和期租。

7. 租赁总资产

指报告期内船舶租赁公司租赁船舶的总资产。单位：万元。

第二节　集装箱租赁

1. 企业数量

指报告期末从事集装箱租赁经营活动的企业数量。单位：个。

2. 从业人数

指报告期末从事集装箱租赁经营活动的从业人员数。单位：人。

3. 集装箱租赁企业营业收入

指报告期内从事集装箱租赁经营活动获得的收入。单位：万元。

4. 箱量

指报告期内集装箱租赁公司管理或拥有的箱量。单位：TEU。

统计分组：按集装箱的所有权分为自有箱和管理箱。

5. 租箱量

指报告期内集装箱租赁企业出租的集装箱数量。单位：TEU。

统计分组：按集装箱的所有权分为自有箱和管理箱。

6. 出租率

指报告期内集装箱管理公司出租的集装箱量占总箱量的比例。单位：%。

统计分组：按集装箱所有权分为自有箱和管理箱。

7. 船舶租赁价格

指报告期末船舶的租赁价格。单位：元。

统计分组：

(1) 按船型分组。

(2) 按租赁时间分组。

第三节　船舶交易

1. 二手船船舶交易机构数量

指报告期末经交通运输部认可的二手船舶交易经营活动的企业数量。单位：个。

2. 从业人数

指报告期末从事二手船舶交易经营活动的从业人员数。单位：人。

3. 船舶交易营业收入

指报告期内从事船舶交易经营活动获得的收入。单位：万元。

4. 船舶交易额

指报告期内所完成的二手船舶交易额。单位：万元。

统计分组：

(1) 按船舶类型分组。

(2) 按船舶载重吨分组。

5. 二手船交易鉴证收入

指报告期内二手船交易场所提供交易服务所获得的收入。单位：万元。

一般按以下方式统计分组：

(1) 按成交金额分组。

(2) 按船型分组。

6. 二手船舶交易量

指报告期内所完成的船舶交易的数量。单位：艘、吨位、马力。

统计分组：按船舶类型分组。

7. 二手船交易鉴证艘次

指报告期内二手船交易平台所提供的鉴证服务的数量。单位：艘次。

第四节　航运交易

1. 航运交易机构数量

指报告期内从事航运交易活动的机构数量。单位：个。

2. 从业人数

指报告期末从事航运交易经营活动的从业人员数。单位：人。

3. 航运交易营业收入

指报告期内从事航运交易经济活动获得的收入。单位：万元。

4. 交易产品数

指报告期内可供交易的航运产品数量。单位：个。

5. 上海出口集装箱中远期运价交易成交量

指报告期内上海出口集装箱中远期运价交易合约成交的数量。单位：手。

统计分组：按航线分组。

6. 上海出口集装箱中远期运价交易日均持仓量

指报告期内上海出口集装箱中远期运价交易合约中平均每天买入或卖出后尚未对冲及进行实物交割的合约数量。单位：手。

统计分组：按航线分组。

7. 沿海煤炭中远期运价交易成交量

指报告期内沿海煤炭中远期运价交易合约成交的数量。单位：手。

统计分组：按航线分组。

8. 沿海煤炭中远期运价交易日均持仓量

指报告期内沿海煤炭中远期运价交易合约中平均每天买入或卖出后尚未对冲及进行实物交割的合约数量。单位：手。

第五节　航运经纪

1. 航运经纪公司数量

指报告期内围绕船舶建造、买卖、租赁、融资等事项开展的业务活动，以代理、经纪、咨询等方式提供专业服务的企业数量。单位：个。

统计分组：按经纪业务类型分为船舶租赁经纪、船舶交易经纪和运价交易经纪。

2. 从业人数

指报告期内从事航运经纪经营活动的从业人员数量。单位：人。

统计分组：可参照航运经纪公司数量的分组。

3. 航运经纪人人数

指报告期末具有经纪人资格证书从事航运经纪活动的从业人员数量。单位：人。

统计分组：可参照航运经纪公司数量的分组。

4. 航运经纪机构营业收入

指报告期内航运经纪机构所获得的营业收入。单位：万元。

5. 租船经纪成交量

指报告期内租船经纪公司提供租船经纪服务促成的交易量。单位：艘、吨位、hp。

一般按以下方式统计分组：

(1) 按船舶的类型分组。

(2) 按船舶的载重吨分组。

6. 船舶交易经纪成交量

指报告期内船舶经纪公司提供船舶交易经纪服务促成的交易量。单位：艘。

一般按以下方式统计分组：

(1) 按船舶的类型分组。

(2) 按船舶的载重吨分组。

第六节 航运金融

1. 航运金融机构数量

指报告期末从事航运金融活动的机构数量。单位：个。

2. 从业人数

指报告期末从事航运金融活动的人数。单位：人。

3. 船舶融资额

指报告期内造船企业或船舶所有人采用通过政府贷款、商业银行贷款和债权融资及股权融资途径所获得的船舶融资金额。单位：万元。

一般按以下方式统计分组：

(1) 按贷款渠道分为银行贷款、债权融资和股权融资。

(2) 按船舶类型分为集装箱船、液体散货船、干散货船、滚装船。

4. 融资租赁公司企业数

指报告期内具有融资租赁资格并从事融资租赁活动的企业数量。单位：个。

5. 船舶融资租赁额

指报告期内从事融资租赁所获得的船舶租赁金额。单位：万元。

统计分组：按融资方式分为经营租赁、融资租赁及其他融资方式。

6. 授信总额

指报告期内从事融资租赁所获得授信金额。单位：万元。

统计分组：可参照船舶融资租赁额的分组。

7. 航运基金数量

指报告期内已投资设立的航运基金的数量。单位：个。

8. 航运基金融资规模

指报告期内通过航运基金融资所筹集的金额。单位：万元。

第七节　航运保险

1. 航运保险公司数

指报告期末从事航运保险经营活动的航运保险公司的数量。单位：个。

一般按以下方式统计分组：

（1）按公司资本性质分为中资财产保险公司和外资财产保险公司。

（2）按经营险种分为经营船舶保险的公司、经营货物运输保险的公司和经营出口信用保险的公司。

（3）按提供的服务分为保险公司、再保险公司、保险代理公司、保险经纪公司和保险公估公司。

2. 从业人数

指报告期末从事航运保险经营活动的人数。单位：人。

统计分组：按公司类别进行分组。具体可参照航运保险公司数的分组。

3. 保险公司营业收入

指报告期内从事航运保险经营活动所获得的收入。单位：万元。

统计分组：按公司类别进行分组。具体可参照航运保险公司数的分组。

4. 保费收入

指报告期内保险公司履行航运保险合同而向投保人收取的保费收入。单位：万元。

统计分组：按保险种类分为船舶险和货运险。

5. 保险金额

指报告期内在一个航运保险合同下保险公司承担赔偿或给付保险金责任的最高限额的总量。单位：万元。

统计分组：按保险种类分为船舶险和货运险。

6. 保险理赔金额

指报告期内保险标的发生保险事故而使被保险人财产受到损失或人身生命受到损害时，或保单约定的其他保险事故出现而需要给付保险金时，保险公司根据合同规定，履行赔偿或给付责任的行为，是直接体现保险职能和履行保险责任的工作。单位：万元。

统计分组：按保险种类分为船舶险和货运险。

第八节　海事法律和仲裁

1. 解决海事争议的机构数

指报告期内处理海事争议的机构数量。单位：个。

2. 从业人数

指报告期内从事海事法律和仲裁活动的人数。单位：人。

3. 受理一审案件数

指报告期内法院受理的一审案件数量。单位：件。

一般按以下方式统计分组：

(1) 按案件诉讼类型分为海事合同纠纷案件、海事侵权纠纷案件、海事特别程序案件。

(2) 按案件主体的国籍分为国内案件和涉外案件，国内案件又分为大陆案件和涉港澳台案件。

4. 涉案标的金额

指报告期内法院受理的案件合同金额。单位：万元。

统计分组：同受理一审案件数分组。

5. 审结一审案件数

指报告期内法院审判定案的数量。单位：件。

6. 平均审理天数

指报告期内法院从案件受理到案件审结需要的平均时间。单位：天。

7. 受理仲裁案件数

指报告期内法院受理的仲裁案件数。单位：件。

一般按以下方式统计分组：

(1) 按案件主体的国籍分为国内案件和涉外案件，国内案件又分为大陆案件和涉港澳台案件。

(2) 按案件内容分为海商合同纠纷案件、海事侵权案件、道路运输合同纠纷案件、水上运输合同纠纷案件、航空运输合同纠纷案件、仓储装卸合同纠纷案件、货运代理合同纠纷案件和港口岸线合同纠纷案件。

8. 争议标的金额

指报告期内需要仲裁的案件金额。单位：万元。

9. 平均仲裁天数

指报告期内从受理仲裁到结案的平均时间。单位：天。

第九节　航运信息与咨询

1. 航运信息与咨询机构数量

指报告期内从事航运信息与咨询经营活动的企业数量。单位：个。

统计分组：按机构的所有权结构分组。

2. 从业人数

指报告期内在航运信息与咨询机构从事航运咨询活动的人数。单位：人。

3. 航运信息与咨询营业收入

指报告期内航运信息与咨询机构所获得的营业收入。单位：万元。

4. 承接项目数

指报告期内航运信息与咨询机构承接的咨询项目数。单位：项。

5. 航运期刊数

指报告期内发行的反映航运动态的期刊数。单位：种。

统计分组：按主办机构分为行业协会主办的会刊，国际主管部门主管主办的行业报刊，大型国企主管主办的企业报刊，学会、研究机构和高校主办的学刊，民营企业家主办的刊物和港媒外媒报刊。

6. 航运期刊发行量

指报告期内所发行的航运期刊的数量。单位：份。

7. 航运网站

指报告期内中国内地与航运业（船、航、港三业兼及其他交通运输方式乃至物流供应链等）密切相关的网站数量。计算单位：个。

统计分组：按是否同时拥有纸质期刊分为独立网站和刊网并发。

8. 服务客户数

指报告期内上海航运信息与咨询机构服务的客户数量。单位：个。

9. 发布运价指数个数

指报告期内上海航运信息与咨询机构发布的航运价格指数个数。单位：个。

10. 发布船舶价格指数的个数

指报告期内上海航运信息与咨询机构发布的船舶价格指数的个数。单位：个。

统计分组：按船舶交易的形式分为船舶交易价格指数和船舶租赁价格指数。

11. 发布景气指数个数

指报告期内上海航运信息与咨询机构发布的航运市场景气指数的个数。单位：个。

12. 行业研究报告发布份数

指报告期内上海航运信息与咨询机构发布的行业发展研究报告的数量。单位：个。

13. 中国出口集装箱运价指数(CCFI)

上海航运交易所发布的报告期内的反映从中国港口出口的集装箱运价变动的趋势和程度的相对数。单位：点。

14. 上海集装箱运价指数(SCFI)

上海航运交易所发布的报告期内的反映从上海出港的集装箱运价变动的趋势和程度的相对数。单位：点。

15. 中国沿海(散货)综合运价指数(CBFI)

指反映报告期内国内航线干散货运价水平的指标。单位：点。

16. 中国沿海煤炭运价指数(CBCFI)

指上海航运交易所发布的反映报告期内国内主要航线煤炭运输价格变动的趋势和程度的相对数。单位：点。

17. 中国进口原油运价指数(CTFI)

指上海航运交易所发布的反映报告期内从中国港口进口的原油运价变动的趋势和程度的相对数。单位：点。

18. 中国进口干散货运价指数(CDFI)

指上海航运交易所发布的反映报告期内从中国港口进口的干散货运价变动的趋势和程度的相对数。单位：点。

19. 上海船舶价格指数(SSPI)

指报告期内上海航运交易所发布的反映二手船舶价格变动的趋势和程度的相对数。单位：点。

20. 国内沿海船价综合指数(CBPI)

指报告期内上海航运交易所发布的反映沿海船舶价格变动的趋势和程度的相对数。单位：点。

21. 国内内河船价综合指数(IBPI)

指报告期内上海航运交易所发布的反映内河船舶价格变动的趋势和程度的相对数。单位：点。

22. 国际油轮船价综合指数(TPI)

指报告期内上海航运交易所发布的反映国际油轮价格变动的趋势和程度的相对数。单位：点。

23. 国际散货船价综合指数(BPI)

指报告期内上海航运交易所发布的反映国际散货船价格变动的趋势和程度的相对数。单位：点。

24. 中国航运景气指数(CSPI)

指反映报告期内航运发展情况的相对数。单位：点。

计算方法：选择具有代表性的航运企业作为样本企业，建立定期调查联系制度。每季度中后期开始调查，对航运企业经营状况的定性问题通过定量方法计算，得出航运市场景气状况与发展趋势的判断值。从微观上，即企业的层面上反映中国航运业的发展状况，适宜于短期预测，为季度发布。

25. 国际集装箱租船指数(HRCI)*①

指报告期内反映集装箱船舶租金的相对值。单位：点。

26. 波罗的海干散货运价指数(BDI)*

指反映报告期内干散货运价波动的指标。单位：点。

27. 波罗的海原油运价指数(BDTI)*

指反映报告期内原油运价波动的指标。单位：点。

第十节　航 运 科 研

1. 航运科研机构数量

指报告期内从事航运科研活动的企业数量。单位：个。

2. 从业人数

指报告期内在科研机构从事航运科研活动的人数。单位：人。

3. 科研活动经费合同额

指报告期内科研单位所获得的科研经费的合同总额。单位：万元。

---

① 本节中出现的*，代表该指数非中国上海发布。

4. 技术成果转让收入

指报告期内科研单位通过技术成果转让获得的收入。单位：万元。

5. 所获专利数

指报告期内科研人员在科研过程中所获的专利数量。单位：项。

6. 获奖成果数

指报告期内科研单位从事科研活动获奖的数量。单位：项。

7. 学术会议数

指报告期内科研单位主办的学术会议数。单位：场次。

第十一节 航运教育培训

一、航运教育

1. 教育机构数

指报告期内在教育部注册从事航运教育活动的机构数量。单位：个。

一般按以下方式统计分组：

(1) 按教育机构类型分为科研机构、高等学校和中等职业学校。其中高等学校可分为普通高等学校和成人高等学校。中等职业学校分为普通中等专业学校、职业高中、技工学校和成人中等专业学校。

(2) 按培养类型分为科研机构、本科院校和专科院校。

(3) 按资金来源分为中央部署科研机构与院校、地方所属院校和民办学校。

2. 专任教师数

指报告期末在从事航运教育的教育机构中担任专任教师的人数。单位：人。

统计分组：按教育机构类型进行分组。

3. 在校学生数

指报告期末从事航运教育的教育机构的在校学生总和。单位：人。

一般按以下方式统计分组：

(1) 按教育机构类型进行分组。

(2) 按受教育层次分为职校生、专科生、本科生、硕士研究生和博士研究生。

4. 毕业人数

指报告期内从事航运教育的教育机构的毕业人数。单位：人。

统计分组：按教育机构类型进行分组。

5. 在校留学生数

指报告期末从事航运教育的教育机构中在校留学生总和。单位：人。

一般按以下方式统计分组：

(1) 按教育机构类型进行分组。

(2) 按受教育层次分为职校生、专科生、本科生、硕士研究生和博士研究生。

6. 留学生毕业人数

指报告期内毕业的留学生人数。单位：人。

一般按以下方式统计分组：

(1) 按教育机构类型进行分组。

(2) 按受教育层次分为职校生、专科生、本科生、硕士研究生和博士研究生。

7. 教职工人数

指报告期末从事航运教育的教职工总人数。单位：人。

统计分组：按教育机构类型进行分组。

8. 生师比

指报告期末从事航运教育的教育机构中的学生与教师的比例。

二、航运培训

1. 航运培训机构数量

指报告期末从事航运培训活动的机构数量。单位：个。

2. 航运培训机构从业人数

指报告期末从事航运培训活动的人数。单位：人。

3. 船员培训总量

指报告期内为适应海事航行需要进行培训的人数。单位：人次。

一般按以下方式统计分组：

(1) 按培训类型分为基本安全培训、特殊培训、专业技能适任培训、岗位培训。

(2) 按培训的主体分为学生和船员。

4. 适任证书理论考试量

指报告期内船员为提高理论水平所参加的适任证书的考试人数。单位：人次。

5. 海船适任证书评估量

指报告期内对适任证书进行评估考试的人次。单位：人次。

6. 海船船员证书签发总量

指报告期内所签发的船员证书的数量。单位：本。

统计分组：按证书的种类分为适任证书、培训合格证书、海员证和服务簿。

7. 内河船员考试次数

指报告期内船员为适应内河运输而参加的考试人数。单位：人次。

统计分组：按考试类型分为内河理论考试和实际操作考试。

8. 内河船员培训量

指报告期内为提高船员航行水平而进行的培训人次。单位：人次。

统计分组：按培训类型分为内河船员适任培训、内河船员基本安全培训和内河船员特殊培训。

9. 签发内河船员证书量

指报告期内所签发的适用于内河航行的船员证书量。单位：本。

10. 签发注册建造师(港口与航道)证书量

指报告期内所签发的注册建造师(港口与航道)证书量。单位：本。

11. 签发注册船舶工程设计师证书量

指报告期内所签发的注册船舶工程设计师证书量。单位：本。

12. 签发注册验船师证书量

指报告期内所签发的注册验船师证书量。单位：本。

13. 签发国际集装箱运输管理师证书量

指报告期内所签发国际集装箱运输管理师证书量。单位：本。

14. 签发国际商务单证员证书量

指报告期内所签发的国际商务单证员证书量。单位：本。

15. 签发国际货运代理员证书量

指报告期内所签发的国际货运代理员证书量。单位：本。

16. 签发外贸跟单员证书量

指报告期内所签发的外贸跟单员证书量。单位：本。

17. 签发航运经纪人证书量

指报告期内所签发的航运经纪人证书量。单位：本。

第十二节　邮轮衍生服务

1. 免税店数量

指报告期内经海关总署批准,在邮轮内或邮轮客运站销售、供应免税品企业的数量。单位：个。

统计分组：按销售场所分为邮轮内免税店和邮轮客运站免税店。

2. 商务会展营业收入

指报告期内在邮轮内从事商务会展活动所获得的营业收入。单位：万元。

3. 旅游服务营业收入

指报告期内邮轮企业从事陆上旅游服务所获得的营业收入。单位：万元。

第四篇　上海水运工程业态指标体系与计算方法

第十章 水 运 工 程

第一节 水运工程建设

1. 批复开工的建设项目数量

指报告期内经国家、省级主管部门依审批权限批准开工的建设项目数。按获得批复,符合开工条件的所有实际开工项目数量填报。单位:个。

一般按以下方式统计分组:

(1) 按建设主体工程的类别分为港口工程、船闸工程、港口机电工程、航道疏浚整治工程、修造船水工工程、防波堤和导流堤等水工工程、航电枢纽、附属临时工程(搭建办公生活区、搅拌场、预制场、料场)、其他水运工程。

(2) 按建设性质可分为新建、改建、扩建、迁建和其他五类。

(3) 按项目级别可分为国家重点、省重点、地(市)重点和其他四类。

(4) 按投资来源可分为中央投资、中央和地方合资、地方投资和企事业单位投资四类。

2. 在建工程数

指报告期内处于建设状态的水运工程的项目数。单位:个。

3. 在建工程量

指报告期内处于建设状态的水运工程的工程量。单位:万元。

4. 本年建成项目个数

指报告期内竣工的水运工程数量。单位:个。

5. 计划总投资

指建设项目经批准的设计文件中计划的总投资金额。如设计文件发生调整,则是指批准调整以后的计划总投资额。单位:万元。

统计分组:可参照批复开工的建设项目数量的分组。

第二节　水运工程企业

1. 水运工程企业数量

指报告期内从事水运工程设计、建设及维护活动的单位数量。单位：个。

统计分组：

(1) 按企业建设主体工程的类别分为港口工程、船闸工程、港口机电工程、航道疏浚整治工程、修造船水工工程、防波堤和导流堤等水工工程、航电枢纽、附属临时工程(搭建办公生活区、搅拌场、预制场、料场)、其他水运工程。

(2) 按水运工程企业所有制性质分组。

2. 水运工程企业从业人数

指报告期内从事水运工程设计、建设或维护活动的人数。单位：人。

统计分组：

(1) 按水运工程企业所有制性质分组。

(2) 按水运工程企业的建设主体工程的类别分组。

3. 水运工程企业营业收入

指报告期内从事水运工程经营活动所获得的营业收入。单位：万元。

统计分组：参照水运工程企业数量的分组。

第三节　水运工程质量与安全

1. 水运工程报监项目数

指报告期内报技术监督部门备案备查的工程项目数。单位：个。

一般按以下方式统计分组：

(1) 按建设主体工程的类别，可分为航道、港口、枢纽、支持保障系统和其他五类。

(2) 按建设性质可分为新建、改建、扩建、迁建和其他五类。

(3) 按项目级别可分为国家重点、省重点、地(市)重点和其他四类。

(4) 按投资来源可分为中央投资、中央和地方合资、地方投资和企事业单位投资四类。

(5) 按水运工程所处的区域分为沿海水运工程和内河水运工程。

2. 水运工程报监工程量

指报告期内报技术监督部门备案备查的工程金额。单位：万元。

统计分组：可参照水运工程报监项目数的分组。

3. 工程质量鉴定数

指报告期内水运质量管理部门所鉴定的水运工程数量。单位：项。

统计分组：可参照水运工程报监项目数的分组。

4. 工程质量优良率

指报告期内优良工程建设项目占已验收工程建设项目总数的比例。单位：%。

计算公式：$工程质量优良率(\%)=\frac{优良工程项目个数}{已验收工程项目总数}\times 100\%$

统计分组：可参照水运工程报监项目数的分组。

5. 水运工程质量一次合格率

指报告期内竣工的水运工程一次合格比例。单位：%。

统计分组：可参照水运工程报监项目数的分组。

6. 水运工程质量抽检点数

指报告期内完成水运工程质量抽检的数量。单位：个。

7. 水运工程质量抽检不合格点数

指报告期内水运工程质量抽检项目中不合格的点数。单位：个。

8. 质量抽检不合格率

指报告期内水运工程质量抽检项目中不合格点数占总抽检项目的比重。单位：%。

9. 开具整改通知书数量

指报告期内水运工程质量管理部门开具的整改通知书数量。单位：份。

统计分组：可参照水运工程报监项目数的分组。

10. 质量事故损失金额

指报告期内由于水运工程质量事故导致的经济损失。单位：万元。

11. 水运工程安全事故数量

指报告期内发生水运工程建设安全事故的数量。单位：个。

12. 水运工程安全事故死亡人数

指报告期内由于水运工程安全事故而导致的死亡人数。单位：人。

13. 水运工程安全事故失踪人数

指报告期内由于水运工程安全事故而导致的失踪人数。单位：人。

14. 水运工程安全事故受伤人数

指报告期内由于水运工程安全事故而导致的受伤人数。单位：人。

第四节　水运工程环境保护

1. 执行环境影响评价制度的建设项目数量

指报告期内根据国家环境保护法律、法规的有关规定，应执行环境影响评价制度的建设项目数。根据国家环保主管部门的建设项目分类管理名录，对必须开展环境影响评价的所有项目进行统计。单位：项。

统计分组：参照水运工程报监项目数的分组。

2. 通过环境影响评价审批的建设项目数量

指报告期内通过国家或省级环境保护主管部门审批的建设项目数。单位：项。

一般按以下方式统计分组：

(1) 根据建设项目环境影响程度，分为编制报告书、报告表和填写登记表三种形式。

(2) 按建设项目性质，分为新建和改扩建两类。

(3) 按审批部门分为国家环保主管部门和省级环保主管部门审批。

3. 环保投资估算总额

指报告期内批复开工的建设项目中环境保护部分投资总和。可从已获批复的环境影响评价文件中获取。单位：万元。

4. 通过环保验收的建设项目数量

指报告期内根据建设项目竣工环境保护验收的有关规定，通过国家或省级环境保护主管部门审批的建设项目数。单位：个。

统计分组：参照水运工程报监项目数的分组。

5. 通过环保验收项目的工程总投资

指报告期内所有通过环境保护验收的工程的实际投资之和。单位：万元。

6. 环保总投资

指报告期内所有通过环境保护验收的建设项目中的环保实际投资。单位：万元。

统计分组：按污染物的类型分为水污染防治、大气污染防治、噪声污染治理、固体废物污染防治、绿化及生态恢复、环境监测仪器设备、环境风险防范和其他环境保护措施。

7. 通过环保验收项目新增的污染物处理能力

指报告期内通过环保验收的项目中，用于水污染、大气污染、固体废物污染等治理设施所新增加的污染物处理能力。单位：万 t/年。

统计分组：按污染物类型分为生活污水、油污水、烟尘、脱硫、粉尘和化学品废水等。

8. 通过环保验收项目新增处理设施总量

指报告期内通过环保验收的工程中，用于水污染、大气污染、固体废物污染、噪声污染等治理的新增设施数量之和。单位：个。

统计分组：按设施的种类分为废水处理设施、废气处理设施、噪声治理设施和环境风险防范设施。

9. 通过环保验收项目的绿化工程总量

指报告期内通过环保验收的工程中绿化工程的数量之和，以种植乔木、灌木、植草的数量反映。港口包括港区内防护绿化和环境绿化等。单位：$10^3 m^2$。

第五节　航 道 工 程

一、航道整治

1. 整治河段全长

指报告期内整治河段的里程值。单位：km。

一般按以下方式统计分组：

(1) 按航道建设前的航道技术等级可分为Ⅰ级、Ⅱ级、Ⅲ级、Ⅳ级、Ⅴ级、Ⅵ级、Ⅶ级和等外级八类。

(2) 按航段整治及疏浚后技术等级可分为Ⅰ级、Ⅱ级、Ⅲ级、Ⅳ级、Ⅴ级、Ⅵ级和Ⅶ级七类。

2. 整治滩险个数

指报告期内整治河段上整治滩险的数量。单位：个。

3. 整治后航道水深

指报告期内航道进行整治后的水深值，即航道宽度范围内从水面到底部的最小垂直距离。就局部区段而言，通常指航道内最浅处从水面到底部的垂直距离。单位：m。

统计分组：按航道分组。

4. 整治后航道宽度

指报告期内航道整治后的航道宽度值，即整治后航道水深处垂直于航道中心线的航道两底边线之间的水平距离。就局部区段而言，通常指航道最窄处的水平距离。单位：m。

统计分组：按航道分组。

5. 航道设计通过能力

指报告期内设计的航道在某一控制断面可能通过的最大货运量。单位：万 t/年。

统计分组：按航道分组。

6. 设计最低通航水位

指报告期内航道设计所采用的允许标准船型或船队正常航行的最低水位。单位：m。

统计分组：按航道分组。

7. 设计最高通航水位

指报告期内航道设计所采用的允许标准船型或船队正常航行的最高水位。单位：m。

统计分组：按航道分组。

8. 航道整治建筑物数量

指报告期内用于整治航道的起导流、导沙、固滩、护岸等作用的建筑物的数量。单位:座。

一般按以下方式统计分组：

(1) 按平台形态和作用类型，可分为丁坝、顺坝、锁坝、潜坝和其他五类。

(2) 按航道分组。

二、航道养护

1. 航道养护机构数量

指报告期内从事航道养护的机构数量。单位：个。

2. 从业人数

指报告期末从事航道养护及管理活动的人员数量。单位：人。

一般按以下方式统计分组：

(1) 一般按所从事的工作内容进行分组。

(2) 按航道分组。

3. 航道维护航道数

指报告期内航道维护部门负责维护航道数量。单位：条。

4. 航道维护里程

指报告期内航道维护部门所维护的航道长度。单位：m。

5. 航道维护尺度保证率

指报告期内航道经维护后达到规定维护尺度时间占报告期内应通航时间的比重。单位：%。

计算公式：$航道维护尺度保证率(\%)=\frac{达到维护尺度天数}{应通航天数}\times100\%$

6. 桥梁数

指报告期内航道整治及疏浚工程涉及新建、改建桥梁的个数。单位：座。

统计分组：按航道分组。

7. 航标数量

指报告期内航标工程布设的航标总数。单位：座。

统计分组：

(1) 按布设的区域划分为海上航标和内河航标。

(2) 按主要作用形式分为视觉航标、无线电导航航标和音响航标。

(3) 按固定形式分为固定航标和浮动航标。

(4) 按功能分为航行标志、信号标志和专用标志。

(5) 按配布类别分为一类标志、二类标志、三类标志和重点标志。

(6) 按设置地点分为岸标和浮标。

8. 航标配布里程

指报告期内航标工程布设的范围。单位：m。

9. 疏浚次数

指报告期内完成的疏浚数量。单位：次。

统计分组：按航道分组。

10. 疏浚工程量

指报告期内完成航道疏浚工程的数量。单位：万 m^3。

统计分组：按航道分组。

11. 扒沙(石)工程量

指报告期内完成航道扒沙(石)工程的数量。单位：m^3。

统计分组：按航道分组。

12. 补坝工程量

指报告期内完成航道补坝工程的数量。单位：m^3。

统计分组：按航道分组。

13. 爆破清障工程量

指报告期内完成航道爆破清障工程的数量(以爆破用炸药量作为标准)。单位：万t。

统计分组：按航道分组。

14. 清除障碍物工程量

指报告期内清除航道上危及船舶航行的障碍物(沉船、沉树、零散石块、石堆等)数量。单位：艘(沉船),m^3(其他)。

统计分组：按航道分组。

15. 扫测工程量

指报告期内完成航道全程扫测或浅滩扫测的工程数量。单位：万m^3。

统计分组：按航道分组。

16. 航道出浅天数

指报告期内航道实际维护的水深、航宽和曲度半径未达到维护标准尺度的天数。单位：天。

统计分组：按航道分组。

17. 通航率

指报告期内航道实际通航的时间占总时间的比重。单位：%。

计算公式：$\text{通航率}(\%)=\frac{\text{实际通航天数}}{\text{日历天数}}\times 100\%$

统计分组：按航道分组。

18. 航道养护费

指报告期内航道主管部门按国家规定向航行船舶征收的规费总和。单位：万元。

统计分组：按航道分组。

第六节　港口工程

1. 港口个数

指报告期内建设完成港口的实际数量。单位：个。

一般按以下方式统计分组：

(1) 按港口所属的地理位置分为海港和河港。

(2) 按港口是否对外籍船舶开放分为对外开放港口和不对外开放港口。

(3) 按港口的建设性质分为新建、改建和扩建。

2. 港区面积

指报告期内新增、改建、扩建港区的实际面积，包括水域和陆域面积。单位：km^2。

3. 港区岸线长度

指报告期内完成的港区陆域与水域毗邻地段的实际长度。包括码头长度、护岸和自然岸坡等长度。单位：m。

4. 码头泊位长度

指报告期内建设完成的用于停系靠船舶、进行货物装卸和上下旅客地段的实际长度。包括固定的、浮动的各种型式码头的泊位长度。单位：m。

统计分组：按码头类型进行分组。

5. 泊位个数

指报告期内建设完成的泊位的实际数量。单位：个。

统计分组：按码头类型进行分组。

6. 码头设计货物通过能力

指报告期内建设完成的码头多个泊位设计货物通过能力之和。单位：万 t/年。

7. 码头设计集装箱通过能力

指报告期内建设完成的码头多个泊位设计集装箱通过能力之和。单位：万 TEU/年。

8. 码头设计旅客通过能力

指报告期内建设完成的码头多个泊位设计旅客通过能力之和。单位：万人次/年。

9. 陆域纵深

指报告期内新增码头岸线至后方港界的设计距离。单位：m。

10. 堆场面积

指报告期内码头用于堆存货物的露天场地的新增面积。单位：m^2。

11. 仓库面积

指报告期内码头用于存放货物的仓库的新增面积。单位：m^2。

第十一章　水运工程辅助业

第一节　航　　标

1. 航标管理机构数量

指报告期内从事航标管理工作的机构数量。单位：个。

2. 从业人数

指报告期内从事航标管理工作的人数。单位：人。

3. 航标数量

指报告期末设标航道实际拥有的航标数量。单位：座。

一般按以下方式统计分组：

(1) 按布设的区域划分为海上航标和内河航标。

(2) 按主要作用形式分为视觉航标、无线电导航航标和音响航标。

(3) 按固定形式分为固定航标和浮动航标。

(4) 按功能分为航行标志、信号标志和专用标志。

(5) 按配布类别分为一类标志、二类标志、三类标志和重点标志。

(6) 按设置地点分为岸标和浮标。

4. 绞滩站数量

指报告期末实际拥有的绞滩站数量。单位：个。

5. 岸绞设施数量

指报告期末实际拥有岸绞设施的数量。单位：处。

6. 绞滩船数量

指报告期末实际拥有绞滩船的数量。单位：艘。

7. 控制信号台数量

指报告期末实际拥有控制信号台的数量。单位：个。

8. 航标维护座天数

指报告期内实际维护的视觉、音响航标座数与其维护天数的乘积之和。单位：座天。

计算公式：航标维护座天数(座天)＝$\sum$每座实际维护的航标×该座航标维护天数

9. 航标失常座天数

指报告期内处于不正常状态的视觉、音响航标座数与其失常天数的乘积之和。单位：座天。

计算公式：航标失常座天数(座天)＝$\sum$每座失常航标×该座航标失常天数

统计分组：航标失常座天数一般应分为航标非维护性失常座天数和航标维护性失常座天数。

10. 航标正常率

指报告期内视觉、音响航标保持正常的座天数占航标维护座天数的比重。单位：%。

计算公式：$航标正常率(\%)=\frac{航标正常座天数}{航标维护座天数}\times 100\%$

11. 航标维护正常率

指报告期内视觉、音响航标正常维护的座天数占航标维护座天数的比重。单位：%。

计算公式：$航标维护正常率(\%)=\frac{航标维护座天数-维护性失常座天数}{航标维护座天数}\times 100\%$

12. 雷达应答器正常工作率

指报告期内雷达应答器正常工作台时占实际工作台时的比重。单位：%。

计算公式：$雷达应答器正常工作率(\%)=\frac{正常工作台时}{实际工作台时}\times 100\%$

13. 信号揭示正常率

指报告期内控制信号台去掉信号错、迟、漏挂后正常揭示信号的次数占信号揭示总次数的比重。单位：%。

计算公式：$信号揭示正常率(\%)=\frac{信号揭示总次数-信号错、迟、漏挂次数}{信号揭示总次数}\times 100\%$

第二节　水 文 测 量

1. 水文测量机构数量

指报告期末从事水文测量活动的机构数量。单位：家。

2. 水文测量从业人数

指报告期末水文站从事水文测量工作的人数。单位：人。

3. 水文测量机构营业收入

指报告期内从事水文测量活动所获得的收入。单位：万元。

4. 编绘海图源数据量

指报告期内水工测量单位编绘完成的海图源数据量。单位：幅。

5. 编绘纸海图量

指报告期内水工测量单位编绘完成的纸海图的量。单位：幅。

6. 编绘电子海图量

指报告期内水工测量单位编绘完成的电子海图的量。单位：幅。

7. 海图印刷量

指报告期内水工测量单位印刷完成的纸海图的量。单位：幅。

8. 发行纸海图量

指报告期内水工测量单位发行纸海图的量。单位：幅。

9. 发行电子海图量

指报告期内水工测量单位发行电子海图的量。单位：幅。

第三节　水 工 设 计

1. 企业数量

指报告期末具有水工设计资格并从事水工设计活动的企业数量。单位：个。

2. 从业人数

指报告期末从事水工设计的人员数量。单位：人。

3. 营业收入

指报告期末从事水工设计活动的企业营业收入金额。单位：万元。

4. 水工设计项目承接量

指报告期内水工设计单位承接的水工设计项目的个数。单位：项。

统计分组：按照工程类型分为软基加固处理设计、航道工程设计、港口工程设计和海洋工程咨询。

5. 水工设计项目完成量

指报告期内水工设计单位完成的水工设计项目的个数。单位：项。

统计分组：参照水工设计项目承接量分组。

6. 水工设计项目合同金额

指报告期内水工设计单位承建的水工设计项目的合同金额。单位：万元。

第四节　水 工 监 理

1. 水工监理企业数

指报告期末从事水工监理工作的企业数量。单位：个。

2. 从业人数

指报告期末从事水工监理的人员数量。单位：人。

3. 水工监理营业收入

指报告期内从事水工监理活动所获得的收入。单位：万元。

4. 水运工程监理师人数

指报告期内从事水运工程监理师资格考试并具有水运工程监理资格的人数。单位：人。

5. 监理项目数

指报告期内水运工程监理公司承接所监理的项目数。单位：项。

统计分组：按工程的建设状态分为在建的监理项目、已交工的监理项目和竣工阶段监理项目。

6. 监理工程量

指报告期内水运工程监理单位承接监理活动的工程量。单位：万元。

统计分组：可参照监理项目数分组。

第五节　水 工 检 测

1. 水工检测企业数

指报告期末从事水工检测活动的企业数量。单位：个。

2. 水工检测从业人数

指报告期末从事水工检测工作的从业人员数量。单位：人。

3. 检测师人数

指报告期末获得水工检测资格并从事水工检测工作的从业人员数量。单位：人。

4. 水工检测项目数

指报告期内进行水工检测项目总量。单位：个。

5. 水工检测营业收入

指报告期内从事水工检测活动所获得的收入。单位：万元。

第五篇　完善上海港航业态统计制度的对策建议

第十二章　上海港航统计的相关措施

一、提高统计法制化水平

由于上海港航业态的不断成长，原有的上海港航统计管理体制和法规制度较为落后，并存在着一些缺陷，已经不能适应航运市场发展的需要，因此，需要根据市场的发展规律对上海港航统计管理体制进行改革和健全。上海港航各种统计工作由港口企业和船舶运输企业提供。而一些新的业态产生的数据往往未能纳入统计范围。从上海港航系统的基本情况出发，综合起来考虑，上海适合成立统一的港航统计机构，严格规范不同部分数据口径，防止数据的遗漏和重叠。

另外，由于对港航统计过程缺乏严格的制约和监督，部分管理者法律意识薄弱，为了追求业绩或者担心某些涉及利益的保密数据外泄，造成一些重要的统计数据虚报、瞒报或者不报，主观上造成统计的数据有水分。管理者的统计法制观念和对统计数据质量的重视程度以及统计人员的综合素质，对统计数据质量有很大的影响，因此需要加强统计法规制度来制约他们的行为，防止统计工作中的弄虚作假，要确定统计犯罪的界限，以强化统计法规的法律效力和约束力，为统计工作提供重要的法律保障。

加强上海港航统计管理体制和法规制度的宣传工作，使相关企业管理者不断地掌握上海港航统计业务知识和了解上海港航系统统计法律知识，使上海港航系统管理者充分认识到上海港航业态统计工作对评价上海港航统计数据质量以及分析港口管理和发展的重要性，提高上海港航系统管理者对上海港航统计工作的重视程度。

二、强化统计数据质量

1. 保证上海港航统计原始数据的完整和准确

准确的港航统计数据是港航统计工作的生命，规范统计数据是首要任务。第一，要对港航原始数据的处理过程阶段进行科学有效的规范和管理。第二，要切实按照上海港航统计的规定要求，保证上报数据来源清楚明了，使整个数据使用的过程都有据可查。第三，要对港航统计数据及时进行审查核对，对发现的错误及时反馈和处理，防止类似错误出现，保证港航数据的准确无误。第四，要严格控制数据发布，对内对外提供港航统计数据要进行统一管理。

2. 改革上海港航统计调查方法

我国传统的上海港航统计调查多采用全面调查的方法。这种方法涉及很多的中间环节，统计工作量很大，需要耗费大量的时间、人力、物力和财力。而在当前航运市场的激烈竞争中，要想在众多港航中有自己的一席之地，必须追求速度和效率，因此，必须增强港航统计工作的时效性，这就要从港航统计调查方法入手。

我国国家统计局在《国家统计制度的总体方案》中提出我国统计调查方法改革的长远目标，即“建立以必要的周期性普查为基础，以经常性的抽样调查为主体，同时辅之以重点调查、科学推算和少量的全面报表综合运用的统计调查方案体系”。在上海港航统计中同样需要推广抽样调查方法的使用。

3. 对上海港航统计报表重新进行规范和统一

统一设计的上海港航统计调查表，各个指标之间应相互联系，对上海港航统计指标的定义、统计范围和统计口径进行严格的规范，保证指标的一致性。上海港航统计调查表、整理表和综合表的设计，统计分类标准，以及各种编码要规范化和系统化，以满足统计人员统计整理、汇总和分析的需要，有利于保证上海港航统计数据的准确性。

4. 提高上海港航统计队伍整体素质

上海港航统计数据质量与统计人员的业务素质和队伍稳定有直接的关系。上海港航统计工作需要一支具有创新精神、改革意识强烈的高素质统计队伍，现代港航统计人员应具备的基本素质包括：

(1) 具有丰富的现代统计专业知识和理论基础知识；

(2) 较强的统计分析能力和应用能力；

(3) 熟练的计算机操作能力、信息处理能力和网络使用能力；

(4) 一定的外语水平并熟悉国外同行的统计工作；

(5) 统计改革意识；

(6) 敏锐的洞察力和分析能力。

上海港航统计队伍的整体素质还有待提高，较国外典型的港航统计队伍还有一定的差距，因此，还需要重点培养上海港航统计人才。

(1) 上海港航企业要定期或者不定期地对上海港航统计人员开展专门的港航统计业务知识培训，使他们掌握港航统计基础知识，了解港航统计工作的变化。当国家出台港航统计相关政策时，也要对统计人员进行及时的培训，以掌握统计形势的变化，做到与时俱进。还应适当加强对港航统计分析软件的培训，通过科技手段来提供高质量的港航统计数据。

(2) 上海港航企业要为统计人员提供增强自身素质的机会。可以聘请港航统计方面的专家解答港航统计方面的疑难问题，与统计人员讨论在港航统计工作中遇到的问题，可以为其提供与国内外同行进行交流的机会，还可以让统计人员到高等学校学习深造等。

(3) 上海港航统计人员要积极主动地学习，在工作实践中丰富自身的统计专业知识，掌握多种统计分析方法，提高统计分析能力和解决问题的能力。还要及时发现自己存在的问题，在实际统计工作中去弥补和改进。

三、改革统计方法，实现统计信息资源共享

发展先进的统计生产力，统计制度方法和现代信息技术必须实现有效结合，统计制度方法改革和信息化建设要上水平、提档次，也必须要相结合，将两者统一纳入统计改革的大局中通盘考虑，整体规划，系统设计，相互渗透、相互融合、相互促进。要借助信息手段和网络环境，通过综合协调，科学设计，系统整合，使各项统计调查更简洁、更合理，更适应现代信息技术的发展要求，更符合统计现代化的发展规律。

利用计算机技术的优势，加快计算机统计联网工作，使港航统计信息安全运行，传递畅通；使上海港航统计形成多层次、多渠道的统计信息管理网络。实现主要的上海港航统计数据及时公布和更新，港航内部可以共享统计信息。上海港航统计信息网与各口岸管理部门以及经济腹地政府统计网络相互联接，使上海港航统计信息被不同的需求者共享、获取和利用，增加上海港航统计部门与政府的联系。同时穿透钻取，实现数据的深度挖掘。可以通过多维分析，各种图形化手段，实现全面、形象、有效的数据分析，为企业管理者预测、决策奠定基础。

四、转变观念，强化服务，实现参与决策统计的跨越

港航的统计决策是多方面、多维度、跨流程、跨部门的，如以多种指标的预测为主体的吞吐量、集疏运量、装卸作业量、库存量、港航各项费用等。这些指标从

多方面反映港航的经济建设状况。还可以包含更多方面，如港航企业的经营绩效分析、人力资源相关分析等内容。同时通过实地调研，完成专项统计数据的收集。在服务实效上实现由事后服务向超前服务转变。

参 考 文 献

[1] 安呈瑶.上海国际航运中心建设实现重大突破的若干思考[J].水运管理，2007，29(12)：7-9，27.

[2] 韩玲冰.内河货运统计调查方法和模型研究[D].上海：上海海事大学，2010.

[3] 毕蕾.港口物流的发展效率研究——基于索罗模型的分析[D].南京：东南大学，2010.

[4] 白文华.上海成为新一代国际航运中心的经济学分析[M].上海：上海科学技术文献出版社，2003.

[5] 曹卫东，曹有挥，梁双波.安徽长江沿岸港口物流发展评价与空间博弈研究[J].华中师范大学学报：自然科学版，2007，41(3)：464-468.

[6] 曹艳文.港航产业价值链与上海国际航运中心建设[D].上海：上海社会科学院，2006.

[7] 陈湖，陈汝龙，陈绍勇，等.交通运输统计词典[K].北京：人民交通出版社，1992.

[8] 陈继红，真虹.改善上海国际航运中心发展软环境的对策研究[J].水运管理，2009，31(5)：18-21，26.

[9] 董岗.基于伦敦国际航运中心的航运服务教育培训研究[J].航海教育研究，2009(3)：23-27.

[10] 付昌辉.国内集装箱港口的现状与发展趋势[J].港口科技动态，2005(6)：3-5.

[11] 傅雪红.提高港口物流增值服务能力的策略研究[J].中国市场，2008(6)：90-92.

[12] 傅耀方.船舶现代化管理模式的探讨[J].交通科技，2000(1)：54-55.

[13] 洪亚雄.环境统计方法及环境统计指标体系研究[D].长沙：湖南大学，2005.

[14] 港口能源消耗统计及分析方法[S].交通部能源管理办公室，2007.

[15] 高改芳.上海洋山保税港区试点保税船舶登记[J].中国证券报，2012(3).

[16] 国家质检总局.港口能源消耗统计及分析方法[S].2007.

[17] 国家质检总局.船舶运输行业能源消耗统计及分析方法[S].2007.

[18] 黄有方.上海国际航运中心建设的再认识[J].上海海事大学学报，2009，30(2)：1-4，7.

[19] 黄志勇.中国保税港区发展水平评价指标体系研究[J].学术论坛，2012(2)：111-116.

[20] 李飞.中华人民共和国港口法释义[G].北京：法律出版社，2003.

[21] 李鸿志.港口物流系统的评价指标体系[J].中国物流与采购，2005(5)：32-33.

[22] 李锁强.国际环境统计的发展趋势[J].中国统计，2006(3)：43-44.

[23] 刘延平.运输统计理论与方法[M].北京：中国铁道出版社，2006.

[24] 林锋.国际航运中心建设与上海城市发展[M].上海：学林出版社，2008.

[25] 罗春芳.交通行业现代物流统计指标体系及统计方法研究[D].北京：北京交通大学，2008.

[26] 罗萍.国际航运中心的形成与发展及我国国际航运中心的建设[J].中国经贸导刊，2003(18)：18：21.

[27] 丁国良.运输统计学[M].哈尔滨：哈尔滨工程大学出版社.2010.

[28] 交通运输部.水上交通情况调查统计报表制度[S].2009.

[29] 交通运输部.交通运输行业建设工程生产安全事故统计报表制度[S].2010.

[30] 交通部.内河水运建设项目统计制度[S].2006.

[31] 交通运输部.交通运输综合统计报表制度[S].2010.

[32] 交通运输部.交通运输能耗统计监测报表制度[S].2010.

[33] 交通运输部.交通运输行业建设工程生产安全事故统计报表制度[S].2010.

[34] 交通部.交通运输行业公路、水路环境统计报表制度[S].2008.

[35] 交通运输部.国内航运统计报表制度[S].2010.

[36] 交通部.公路水运工程质量状况及质量监督信息统计报表制度[S].2008.

[37] 交通部基本建设质量监督总站.水运工程建设项目质量检测数据统计制度[S].2006.

[38] 交通部.港口综合统计报表制度[S].2008.

[39] 交通运输部.船舶工业统计报表制度[S].2009.

[40] 交通部.公路、水路、港口主要统计指标及计算方法规定[M].北京：人民交通出版社，2002.

[41] 交通运输部.海上国际运输业统计报表制度[S]，2010.

[42] 交通部.水路运输主要统计指标分类与代码[M].北京：人民交通出版社，2007.

[43] 交通运输部.2011年公路水路交通运输行业发展统计公报[S].2012.

[44] 上海市统计局.2011年上海统计年鉴[S].2012.

[45] 交通运输部.2011年中国航运发展报告[M].北京：人民交通出版社，2012.

[46] 金震东.国际航运中心软实力指标体系构建与评价研究[D].大连：大连海事大学，2010.

[47] 上海市交通港航发展研究中心.上海市交通港航行业发展报告[R]，2011.

[48] 上海市交通运输和港口管理局.上海市港口与航运发展报告[M].上海：上海人民出版社，2008.

[49] 上海市交通运输和港口管理局.上海港综合统计报表制度[E].2008.

[50] 水运技术词典编辑委员会.水运技术词典(港口与航道工程分册)(下)[K].北京：人民交通出版社，1984.

[51] 任新明.中国北方区域性国际航运中心的建设与布局探讨[D].大连：辽宁师范大

学,2004.

[52] 任声策,宋炳良.航运高端服务业发展的机理——服务业融合的视角[J].上海经济研究,2009(6):112-117,18.

[53] 唐中赋,顾培亮,任学锋.我国港口物流发展的实证分析[J].商业经济与管理,2005,169(11):29-33.

[54] 统计局.公路、水路运输和港口能源消费统计报表制度[E].2010.

[55] 潘文达,梁荣进.港口评价指标体系的建立及实证研究[J].中国港口,2004(5):40-42.

[56] 王慈光.运输统计基础[M].成都:西南交通大学出版社,2004.

[57] 王红扣.我国交通运输业统计指标体系的建立与分析[D].上海:上海海运学院,2004.

[58] 王杰.国际航运中心形成与发展的若干理论研究[D].大连:大连海事大学,2007.

[59] 王亚丰.港口发展与现代港口物流中心建设[J].理论界,2005(7):29-30.

[60] 王志民,何小明.集装箱码头合理吞吐能力探讨[J].水运工程,2004(3):16-20.

[61] 吴兆麟.论航海教育的内涵、功能、地位和分类——兼论航海院校的内涵和职能[J].航海教育研究,2009(1):6-11.

[62] 肖红波.城市综合交通系统评价指标体系及评价方法[J].交通科技,2009(3):87-90.

[63] 谢家法.统计分析方法:应用及案例[M].北京:中国统计出版社,2004.

[64] 谢凌峰,许长新,齐娜.航运现代化评价指标体系研究[J].港工技术,2005(4):9-11.

[65] 徐剑华,曲林迟.国际航运经济新论[M].北京:人民交通出版社,1997.

[66] 许振超.浅谈集装箱船装卸效率[J].港口科技动态,2005(6):1-2,33.

[67] 余思勤.运输统计学[M].北京:人民交通出版社,2011.

[68] 严作人,张戎.运输经济学[M].北京:人民交通出版社,2003.

[69] 周善忠,刘伟.物流统计指标体系研究[J].中国统计,2006(11):15-19.

[70] 张丽娟.水运价格理论与实践[M].北京:人民交通出版社,2003.

[71] 张颖华.港航产业成长与上海国际航运中心建设[D].上海:上海社会科学院,2010.

[72] 赵锡铎.运输经济学[M].辽宁:大连海事大学出版社,2006.

[73] 赵淑芝.运输经济分析[M].北京:人民交通出版社,2003.

[74] 真虹.港口管理[M].北京.人民交通出版社,2003.

[75] 中国公路水路交通环境保护状况报告(2007年度)[R].北京:中华人民共和国交通运输部,2008.

[76] 中华人民共和国国家统计局.中国能源统计年鉴[M].北京:中国统计出版社,2007.

[77] 中华人民共和国国家统计局.2009年中国统计年鉴[M].北京:中国统计出版社,2009.

[78] 中华人民共和国交通部.交通法规汇编[M].北京:人民交通出版社,1986.

[79] 朱鹏翔.公路和水路运输统计[M].浙江:浙江人民出版社,1989.

[80] 朱艳茹. 交通运输企业管理[M]. 江苏：东南大学出版社，2007.
[81] 主要污染物减排统计办法[S]. 中国环境监测总站统计室，2007.
[82] 左庆乐. 公路运输统计理论与方法[M]. 陕西：陕西科学技术出版社，2007.
[83] 张志俊. 我国物流产业统计指标体系及统计方法[J]. 统计与决策，2005(5)：33-34.
[84] 张页. 开发上海航运运价指数衍生品，提升航运服务水平[J]. 航海技术，2011(2)：70-71.
[85] 张丽君，候超惠，胡国强，等. 现代港口物流[M]. 北京：中国经济出版社，2005.
[86] 张联军，宗蓓华. 港口综合竞争力评价指标体系研究[J]. 综合运输，2004(6)：42-45.
[87] 朱建华. 完善口岸软环境，推进上海国际航运中心建设[J]. 港口经济，2005(1)：14-16.

后　　记

本书是由上海市交通港航发展研究中心和上海海事大学共同组织编写完成的。

在本书编写过程中得到以下单位的大力支持(排名不分先后)：交通运输部、上海市交通运输和港口管理局、上海市统计局、上海市金融服务办公室、上海航运交易所、上海市地方海事局、上海市航务管理处、上海港工程质监站、上海综合保税区管理委员会、上海国际港务(集团)股份有限公司、中远集装箱运输有限公司、中海集装箱运输股份有限公司、中国远洋物流有限公司、中海集团物流有限公司、上港集团物流有限公司、上海国际航运研究中心、中国港口协会、上海市船东协会、亚洲邮轮学院等，在此一并表示诚挚的谢意。

本书得到上海市教委 085 项目、上海高校知识服务平台建设项目(ZF1209)、教育部高等学校博士学位点专项科研基金项目(20113121110003)等项目的资助。

在编写过程中，本书参考了大量国内外有关运输统计等方面的文献资料。在此，向本书参考文献中已列出和未列出的文献作者表示衷心的感谢！

由于编者水平有限，书中难免存在不足与错误之处，恳请各位读者、同行和专家批评指正，并提出宝贵意见。